PETITS

LAR

Collection fondée par

Pantagruel
Gargantua

EXTRAITS

RABELAIS

récits

Édition présentée,
annotée et commentée
par
Pierre MARI
Ancien élève de l'E.N.S. de Saint-Cloud
Agrégé de Lettres modernes

Traduction de
Pierre MARI

SOMMAIRE

Avant d'aborder le texte

Pantagruel

© Larousse/VUEF, 2002.
© Larousse/HER, Paris, 2000 – ISBN 2-03-588121-8

Gargantua

Comment lire l'œuvre

Avant d'aborder le texte

Pantagruel
Gargantua

Genre : récits d'aventures guerrières et de formation intellectuelle.

Auteur : François Rabelais.

Langue : moyen français (les textes sont présentés ici dans une traduction en français moderne).

Structure d'ensemble : chacun des deux récits offre la même progression : naissance et enfance du héros / éducation / guerre et victoire finale. L'importance respective de ces ensembles, cependant, varie considérablement d'un récit à l'autre : ainsi, *Gargantua* accorde beaucoup plus de place à l'enfance et à l'éducation du héros que *Pantagruel*.

Principaux personnages : Gargantua et son fils Pantagruel (les géants) ; Panurge, ami de Pantagruel ; frère Jean des Entommeures, compagnon d'armes de Gargantua.

Éditions successives : *Pantagruel* est publié en 1532 à Lyon, sous le pseudonyme d'Alcofrybas Nasier (anagramme de François Rabelais) ; réédité plusieurs fois, il reçoit sa forme définitive dans l'édition de 1542. *Gargantua* est publié en 1534 ou 1535 à Lyon chez François Juste ; il est réédité plusieurs fois jusqu'à l'édition définitive de 1542 où Rabelais, par prudence, ôte un certain nombre de passages qui risqueraient de lui occasionner des difficultés avec les autorités ecclésiastiques.

Lieu de l'action : *Pantagruel* se déroule d'abord dans le royaume d'Utopie, puis à Paris ; *Gargantua* se déroule en Touraine (ou du moins dans une Touraine transformée en royaume par l'imagination de Rabelais), puis à Paris.

Époque de l'action : en gros, celle de la composition des deux récits, puisqu'il est fait référence à des événements des premières décennies du XVIe siècle, comme la bataille de Pavie en 1525 (*Gargantua*, ch. 39) ou la fameuse sécheresse de l'été 1532 (*Pantagruel*, ch. 2).

Illustration pour Gargantua *par Gustave Doré (détail).*
Paris, Bibliothèque des Arts décoratifs.

FRANÇOIS

RABELAIS
(1483 OU 1494-1553)

1483 ou 1494

La date de naissance de Rabelais continue de diviser les spécialistes. Quant aux premières années de son existence, elles sont tout aussi mal connues. On suppose simplement que son éducation a été confiée aux moines, et qu'aux alentours de 1510 il a accompli son noviciat dans un couvent de cordeliers (Franciscains) près d'Angers. Sans doute a-t-il été ordonné prêtre au cours des années qui ont suivi.

Les années monastiques

1520

Rabelais est moine à Fontenay-le-Comte, où il s'applique, avec beaucoup d'ardeur, à l'étude du grec et du latin. Avec un compagnon d'étude, frère Pierre Lamy, il est accueilli dans le cercle érudit du légiste André Tiraqueau, qui s'emploie alors à revivifier l'approche du droit. Le philologue Guillaume Budé (1467-1540), à qui il a adressé une lettre respectueuse et admirative, lui prodigue ses encouragements.

1523

Au début de l'année, la Sorbonne, alertée par les interprétations personnelles du Nouveau Testament que favorise l'étude du grec, tente d'interdire cette étude : en conséquence, les supérieurs de Rabelais et Lamy leur confisquent les livres de grec. Rabelais quitte alors l'ordre des Franciscains pour celui des Bénédictins, réputé plus ouvert aux évolutions culturelles. À l'abbaye de Maillezais, près de Fontenay-le-Comte, il fait la connaissance du prélat humaniste Geoffroy d'Estissac, qui l'attache à son service comme secrétaire et sera son bienfaiteur plusieurs années durant.

1528

Rabelais quitte le froc des Bénédictins et prend l'habit de prêtre séculier.

Études médicales, débuts littéraires

1529

Rabelais séjourne sans doute à Paris, où il est probable qu'il entame des études de médecine.

1530

Il est immatriculé sur le registre des étudiants de la faculté de médecine de Montpellier, célèbre dans toute l'Europe, et reçu bachelier le 1er novembre.

1532

Installé à Lyon, il y fréquente l'humaniste et imprimeur Étienne Dolet (1509-1546), que sa liberté d'esprit conduira sur le bûcher, ainsi que le poète Saint-Gelais. Au mois de juin, il publie son premier ouvrage, une édition des *Épîtres médicinales* de l'Italien Manardi. À la fin de l'année, il est nommé médecin de l'Hôtel-Dieu de Notre-Dame-de-la-Pitié du Pont-du-Rhône. C'est vraisemblablement à l'occasion des foires de Lyon qu'il publie son *Pantagruel*, sous le pseudonyme anagrammatique de maître Alcofrybas Nasier. Dès sa parution, le livre obtient un vif succès. À la fin de l'année, Rabelais édite un texte juridique, le *Testament de Cuspidius*, qu'il dédie au légiste Amaury Bouchard.

Voyages diplomatiques et condamnations

1533

La Sorbonne condamne *Pantagruel* pour obscénité. Rabelais accompagne alors à Rome, en qualité de secrétaire et de médecin, le cardinal Jean du Bellay, oncle du poète Joachim et ecclésiastique ouvert aux idées nouvelles, qui se rend en Italie pour une mission diplomatique. Dans cette ville, à la fois capitale du monde catholique et capitale du monde des lettres, il s'intéresse à l'architecture et à la botanique.

1534

C'est peut-être au mois de mai que Rabelais, de retour à Lyon, publie *Gargantua*. Mais la date demeure hypothétique, et il est possible que le récit ait été publié l'année suivante. Au cours de l'été, Rabelais réédite la *Topographie* de la Rome antique, œuvre de l'érudit milanais Marliani ; ce petit livre se veut un guide à l'intention des voyageurs férus d'archéologie.

1535-1536

Après avoir publié un *Almanach* pour l'année 1535, dans lequel il conteste la possibilité de toute forme de divination, il fait plusieurs séjours à Rome. Il a l'occasion de faire étape à Ferrare, où Clément Marot et d'autres exilés ont trouvé refuge auprès de la duchesse Renée de France. Ayant quitté son cloître sans l'autorisation de son supérieur, mais aussi changé d'habit et de profession, il reste coupable, au regard de la loi ecclésiastique, du crime d'apostasie (renonciation aux vœux) : il lui faut donc songer à régulariser sa situation. Le pape Paul III l'autorise à regagner un monastère bénédictin de son choix et à exercer la médecine sans pratiquer d'interventions chirurgicales. Devenu l'un des chanoines de l'abbaye de Saint-Maur-des-Fossés, il renonce cependant à la résidence et préfère conserver sa liberté de mouvement.

1537-1538

En compagnie de Guillaume Budé, de Clément Marot et d'autres lettrés, il participe à un banquet donné en l'honneur d'Étienne Dolet qui, poursuivi pour homicide, vient de bénéficier d'une grâce. Reçu docteur en médecine à la faculté de Montpellier, il y fait un cours sur le texte grec des *Pronostics* d'Hippocrate, et procède à des démonstrations d'anatomie, effectuant notamment une dissection sur le cadavre d'un pendu. Étienne Dolet déclare alors, dans un poème, que Rabelais est l'un des meilleurs médecins du monde.

1539

Il accompagne à Turin Guillaume de Langey, frère du cardinal Jean du Bellay et gouverneur du Piémont.

1541

Souhaitant faire montre de prudence face au durcissement de la politique royale en matière religieuse, il entend expurger les éditions originales de *Pantagruel* et *Gargantua* d'un certain nombre de railleries et d'attaques contre les théologiens. Il rompt avec Dolet, qui a publié sans le prévenir des éditions non-expurgées de ces deux ouvrages.

1542

Les éditions remaniées de *Pantagruel* et *Gargantua* (considérées comme définitives) paraissent à Lyon.

1543

Pantagruel et *Gargantua* sont censurés par le Parlement sur la demande des théologiens, en même temps que des œuvres d'Érasme, de Marot et de Calvin.

Une respectabilité toujours menacée

1546

Rabelais obtient un privilège royal exceptionnellement élogieux pour le *Tiers Livre des faictz et dicts héroïques de Pantagruel* qui, aussitôt après publication, est condamné par les théologiens qui l'accusent d'être « farci d'hérésies ». La première édition est néanmoins un succès, et elle est rapidement suivie de plusieurs autres. Rabelais quitte la France pour Metz, ville d'Empire, qui lui offre un poste de médecin. Cet exil est vraisemblablement motivé par la condamnation formulée par la Sorbonne et vise à le mettre à l'abri des poursuites.

1547

Sur le chemin de Rome, où il accompagne de nouveau Jean du Bellay, il remet à un imprimeur lyonnais onze chapitres du *Quart Livre*, qui seront publiés l'année suivante.

1550

Calvin, dans son *Traité des scandales*, traite Rabelais d'« impie » et d'« athée ». Rabelais poursuit la rédaction du *Quart Livre*.

1552

Jean du Bellay lui fait octroyer les cures de Meudon et de Saint-Christophe-du-Jambet, dont Rabelais confiera la gestion à un vicaire. L'intégralité du *Quart Livre* est publiée : elle est immédiatement censurée par les théologiens, mais Rabelais conserve le soutien des parlementaires.

1553

Rabelais résigne ses cures de Meudon et Saint-Christophe-du-Jambet, et meurt vraisemblablement à Paris. Les épitaphes publiées par des poètes comme Ronsard montrent que Rabelais appartient désormais à la légende culturelle de notre pays.

1555

Calvin se livre à une nouvelle attaque contre l'impiété et l'obscénité des ouvrages de Rabelais.

1562

Seize chapitres du futur *Quint Livre* (*Cinquième Livre*) sont publiés sous le titre de *L'Isle Sonnante*.

1564

Parution du *Quint Livre*, dont la paternité a fait long-temps l'objet de discussions. Il semble établi aujour-d'hui que l'essentiel du récit est l'œuvre de Rabelais, même si la possibilité d'ajouts dus à des auteurs moins talentueux n'est pas exclue.

CONTEXTES

Le cadre international : les guerres continuelles

Les premières décennies du XVIe siècle européen sont marquées par la quasi-continuité des guerres. *Pantagruel* et *Gargantua* n'échappent pas à cette dimension essentielle de l'actualité, même si les deux récits la travestissent de manière plus ou moins bouffonne. La rivalité qui oppose François Ier et Charles Quint – rivalité dont l'Italie constitue le principal théâtre – dure depuis 1519. À cette date, le roi de France est le candidat malheureux à l'élection au trône du Saint Empire romain germanique : Charles de Habsbourg, futur Charles Quint, lui est préféré. Pour François Ier, le coup est rude. Monté sur le trône en 1515, l'année où il écrase les Suisses à Marignan, ce dernier ne tarde pas à connaître, après un début de règne flamboyant, de cinglants revers et désillusions : en 1525, il est battu par les troupes impériales à Pavie ; fait prisonnier, il écrit à sa mère, Louise de Savoie : « De toutes choses ne m'est demeuré que l'honneur, et la vie qui est sauve. » Considérée comme la plus grave défaite française depuis Azincourt, la bataille de Pavie marquera durablement l'imaginaire national. Frère Jean des Entommeures s'en souviendra au chapitre 39 de *Gargantua*, lorsqu'il s'exclamera, dans un élan belliqueux : « Ah ! Que ne suis-je roi de France pour quatre-vingts ou cent ans ! Je traiterais comme des chiens ces fuyards de Pavie, et leur couperais la queue et les oreilles ! [...] Pourquoi ne sont-ils pas morts plutôt que de laisser leur bon prince dans un tel embarras ! »

Nul doute que Charles Quint n'ait servi de modèle au personnage de Picrochole, dont l'impérialisme est présenté sous un angle bouffon au chapitre 33 de *Gargantua*. Les deux monarques ne se caractérisent-ils pas par les mêmes visées expansionnistes ? Lorsque Rabelais écrit que Picrochole décrète la mobilisation générale « sans plus oultre se interroguer quoy ni comment », l'allusion est transparente pour les contemporains : l'emblème impérial de Charles Quint portait en effet la devise « Plus oultre », dont l'équivalent actuel serait à peu près : « Toujours plus loin ». *Pantagruel* et *Gargantua* contiennent d'ailleurs plusieurs échos des opérations militaires impériales, telles que le sac de Rome en 1527 (*Gargantua*, chapitre 33) ou la lutte de Charles Quint contre les infidèles (*idem*). La fantaisie débridée n'empêche pas Rabelais d'ancrer les deux récits dans une actualité que ses missions diplomatiques lui ont fait connaître de près.

Le cadre politique et culturel : le roi-mécène

Les guerres quasi continuelles obligent l'administration royale à faire montre d'une efficacité grandissante et à affirmer nettement ses prérogatives : la suprématie de l'État monarchique se renforce sous le long règne de François Ier, de 1515 à 1547. Mais cette centralisation n'est pas un phénomène nouveau : elle s'inscrit dans une dynamique largement amorcée au cours du siècle précédent. C'est surtout dans le domaine culturel que le règne se distingue par un éclat tout particulier. Comme d'autres écrivains de la première moitié du siècle, Rabelais bénéficie de la faveur d'un monarque qu'on considère, à tort ou à raison, comme le grand artisan de la Renaissance française. Mécène prodigue, grand bâtisseur, le roi protège artistes, lettrés, érudits et poètes. Désireux de faire de la cour le lieu par excellence où s'élaborent les codes de la société distinguée, il multiplie les largesses, et contribue indéniablement à l'essor du mouvement humaniste. Aussi le titre de « Père des lettres » lui est-il octroyé par les écrivains et les poètes reconnaissants. François Ier intervient en faveur de Clément Marot lorsque ce dernier est emprisonné, accusé d'avoir mangé du lard en période de carême, et soutient sa sœur, Marguerite de Navarre, face aux théologiens de la Sorbonne qui mettent en question l'orthodoxie de ses poèmes religieux. Par-delà les interventions ponctuelles du monarque en faveur de tel ou tel écrivain, deux événements riches d'avenir marquent son règne : d'abord, l'institution des « lecteurs royaux » (1530), ensuite, la création du dépôt légal à la Bibliothèque royale (1537), qui permet d'augmenter considérablement le fonds de la future Bibliothèque nationale. L'humaniste Guillaume Budé, figure emblématique de la Renaissance française, est à l'origine de ces deux initiatives, dont la première est sans doute la plus révolutionnaire. Les « lecteurs royaux », qui constituent l'embryon du futur collège de France, battent en brèche les privilèges de la vieille université. Un établissement d'un genre inédit voit en effet le jour : offrant des cours gratuits et accessibles à tous, rompant avec les grades de l'université médiévale, il s'ouvre aux courants nouveaux de la pensée, ce qui lui vaut d'être salué par les humanistes comme un « temple des bonnes études ». Mais l'université de Paris ne l'entend pas de cette oreille, et se juge atteinte dans ses prérogatives : poursuivis devant le Parlement, les lecteurs royaux sont accusés d'hérésie, et ne doivent la suspension des poursuites qu'à l'intervention du roi. En 1534, après la création d'une chaire d'éloquence latine, le groupe des lecteurs royaux prend le nom de collège des Trois-Langues : y sont enseignés le latin, le grec et l'hébreu, ces langues anciennes dont Gargantua recommande vivement l'apprentissage à son fils Pantagruel (*Pantagruel*, chapitre 8) parce qu'elles constituent le fondement de tout savoir et de toute sagesse.

Le cadre littéraire et religieux : progrès et difficultés de l'humanisme

L'engagement personnel du roi accompagne l'effervescence des idées qui a commencé durant le derniers tiers du XVe siècle. L'étude des langues anciennes, dite « philologie », connaît alors en France un essor considérable. Loin de se réduire à une pure érudition, elle est portée par un besoin spirituel et un désir d'ouverture culturelle : il s'agit de redécouvrir, dans leur pureté originelle, les textes fondateurs de l'Antiquité païenne et du christianisme, dépourvus des gloses et des déformations que leur ont infligées les commentateurs médiévaux. Offrir au public des textes fiables devient, chez les humanistes, un acte militant : les éditions des grands textes philosophiques et religieux se multiplient, à l'encontre d'une université qui prétendait garder le monopole de leur diffusion et de leur enseignement. Cette publication des textes originaux s'accompagne d'un vaste mouvement de traductions : les humanistes entendent faire œuvre de « vulgarisation », au sens le plus noble, et mettre à la portée du grand nombre le texte de l'Écriture sainte. C'est ainsi qu'en 1530 Jacques Lefèvre d'Étaples (1450-1536) achève sa *Sainte Bible en français* et que, cinq ans plus tard, paraît la Bible dite d'Olivétan, qui s'efforce de restituer en français la veine originale du texte saint. Cette aspiration à un texte fiable, accessible à tous et dépourvu de la lourdeur des commentaires médiévaux, se double d'un désir de retour à la simplicité de l'Église primitive : nombreux sont les penseurs et les écrivains français des années 1520-1530 – dont la sœur même du roi, Marguerite de Navarre – qui prônent la nécessité de renouer avec les sources mêmes de la foi, ramenée à quelques dogmes simples. Érasme (1469-1536), figure éminente des lettres européennes, est le grand inspirateur de ce mouvement spirituel qu'on nomme parfois « évangélisme ». L'objectif des « évangéliques », dont Rabelais s'est sans doute senti proche, est d'œuvrer à une réforme intérieure de l'Église, critiquée pour ses abus les plus criants : lorsque l'auteur de *Gargantua* et de *Pantagruel* dénonce la vie débauchée des moines et le poids excessif des rituels, il s'inscrit dans un humanisme chrétien qui entend rendre au message de l'Évangile sa pureté et sa primauté. Par bien des aspects, l'évangélisme se rapproche de la doctrine luthérienne, qui se propage en Europe depuis 1517. Mais les différences ne tarderont pas à éclater : l'évangélisme n'entend pas sortir du giron de l'Église, et ne peut accepter les affirmations extrémistes des réformés sur l'insuffisance et l'impuissance radicales de l'homme.

Si le roi est favorable au bouillonnement artistique et littéraire, s'il contribue largement à l'entretenir, sa politique à l'égard du mouvement des idées n'est pas sans ambivalences ni retournements. François Ier tient en effet à justifier son titre de « Roi Très-Chrétien », et n'hésite pas à se montrer rigide en matière de foi :

à plusieurs reprises, il laisse le Parlement et la faculté de théologie exercer toutes leurs rigueurs contre les « hérétiques », partisans des idées luthériennes. En 1534, la célèbre affaire des Placards déclenche sa fureur : dans la nuit du 17 au 18 octobre, des affiches – ou « placards » – violemment anticatholiques, qui dénoncent le culte des saints et l'« abus de la messe papale », sont apposées à Paris et dans plusieurs villes de province. François Ier, qui y voit un complot contre l'Église et l'autorité monarchique, lance une vague de répressions qui durera jusqu'à l'année suivante. Bien qu'un édit d'amnistie soit promulgué en 1535, il est certain que cette flambée d'intolérance a fait réfléchir écrivains et penseurs, les incitant à la prudence et à la modération : si Rabelais, après 1534, a adouci, dans *Pantagruel* et *Gargantua*, certaines attaques contre les théologiens, il faut sans doute y voir une réaction au climat de suspicion générale créé par l'affaire des Placards.

Le contexte linguistique : écrire en français

Le premier humanisme, celui de la seconde moitié du XVe siècle, a été essentiellement latin : le latin demeure, aux yeux des lettrés de l'Europe entière, la langue de la culture. Au début des années 1530, lorsque paraissent *Pantagruel* et *Gargantua*, la langue française a néanmoins gagné de nombreux défenseurs. Cette évolution lente, accompagnée de sourdes résistances, s'est amorcée dès les premières années du XVIe siècle. Dans le prologue d'une traduction qu'il offre en 1510 au roi Louis XII, l'humaniste Claude de Seyssel se lance dans une vibrante défense de la langue maternelle : il faut, dit-il en substance, « enrichir » et « magnifier » celle-ci, non seulement pour des raisons culturelles mais parce qu'elle constitue un puissant soutien de la politique extérieure du royaume. En 1529, l'humaniste et imprimeur Geoffroy Tory, dans son *Champfleury*, déclare avec énergie qu'il entend « décorer » la langue française ; cette dernière, d'après lui, n'a nullement à souffrir de la comparaison avec le latin et le grec : personne ne saurait lui disputer son ancienneté et ses titres de noblesse. En un sens, tous les arguments en faveur de la dignité et de l'excellence du français ont été abondamment utilisés lorsque du Bellay, en 1549, publie sa *Défense et illustration de la langue française* : « Le temps viendra, s'exclame le poète, où notre langue pourra égaler les Grecs et les Romains eux-mêmes, produisant comme eux des Homère, Démosthène, Virgile et Cicéron... »

Les écrits de Rabelais sont représentatifs de cette lente évolution vers la langue maternelle. Dans les lettres que le futur auteur de *Pantagruel* adresse à des humanistes (Budé, Érasme), il emploie un latin souvent ampoulé, où abondent les citations grecques : la référence à des modèles oratoires antiques est très nette, à la limite de l'exercice d'école. Grec et latin restent les langues des travaux d'érudition qu'il effectue au début des années 1530 : il publie en effet, durant l'année 1532, une édition des *Aphorismes* d'Hippocrate, en grec, et un texte juridique pseudo-antique, le *Testament de Cupidius*, en latin. Tout change avec le cycle des géants, où le français s'impose comme le meilleur instrument d'exploration de la culture populaire et de l'histoire en cours. Rabelais ne manquera pas de ridiculiser, au cours des deux récits, les faux lettrés qui usent d'un latin fossilisé, truffé de références qui témoignent de leur incapacité foncière à s'adapter au présent. À l'écolier limousin, qui parle un jargon franco-latin prétentieux et incompréhensible, Pantagruel exaspéré répondra qu'« il nous faut parler selon le langage usité, et éviter les mots épaves avec autant de soin que les capitaines des navires évitent les récifs » (*Pantagruel*, chapitre 6). Comme d'autres grands prosateurs contemporains – Calvin ou Marguerite de Navarre –, Rabelais comprend que seule la langue maternelle peut donner à l'écrivain une prise réelle sur la complexité des temps.

Pantagruel et *Gargantua* dans le cycle des géants

Pantagruel et *Gargantua* sont à la fois des récits autonomes et les parties d'un cycle qui ne peut être pleinement apprécié que dans sa totalité. Rabelais s'est d'ailleurs montré soucieux d'assurer la « soudure » de ces différentes parties. Le *Tiers Livre*, en effet, reprend exactement les personnages là où la fin de *Pantagruel* les avait laissés : son premier chapitre constitue même la conclusion du récit précédent, puisqu'il livre au lecteur une série d'informations – la conquête du pays des Dipsodes par les Utopiens – dont le voyage du narrateur dans la bouche de Pantagruel l'avait frustré.

Mais cette apparente continuité cache une profonde rupture. Une douzaine d'années séparent en effet *Gargantua* du *Tiers Livre*, comme si Rabelais avait hésité sur la suite à donner au cycle des géants. Le contexte culturel et religieux qui avait présidé à la publication des deux premiers récits n'est plus tout à fait le même : les antagonismes religieux se sont attisés, déchaînant des flambées d'intolérance de part et d'autre, et l'heure n'est plus à l'optimisme ni aux rêves de concorde ; le déclenchement des guerres

Le long voyage maritime de Pantagruel
dans le Quart Livre *et le* Quint Livre *par Gustave Doré.*
Paris, Bibliothèque nationale.

civiles se profile à l'horizon. À la jovialité conqué-
rante de *Pantagruel* et de *Gargantua* succède donc un
climat nettement plus tendu et inquiet : le *Tiers Livre*,
tout comme le *Quart Livre* et le *Quint Livre*, résonne
d'interrogations sans réponses, et nous livre une gale-
rie de personnages qui cherchent leur voie au sein
d'un monde mi-grotesque mi-angoissant. La grande
question qui donne son impulsion à ces trois récits, et
qui déclenchera le long voyage maritime des deux derniers, est celle de Panurge : « Dois-je ou non me
marier ? » Le fameux « Serai-je point cocu ? »
résonne, d'un bout à l'autre du *Tiers Livre*, comme
une litanie dont Panurge, personnage velléitaire et
égocentrique, ne parvient pas à s'échapper. Tout se
passe, en définitive, comme si *Pantagruel* et
Gargantua avaient exploré le versant joyeux et exal-
tant d'une liberté humaine ivre de ses possibles, et que
la suite du cycle des géants nous en livrait le versant
amer et angoissé.

Vie	Œuvres
1483 ou 1494 Dates de naissance supposées de François Rabelais, à Chinon ou à la métairie de la Devinière.	
1520-1523 Rabelais est moine à Fontenay-le-Comte, où il étudie le latin et le grec.	
1524 Il fait la connaissance de Geoffroy d'Estissac, qui devient son protecteur.	

ÉVÉNEMENTS CULTURELS ET ARTISTIQUES	ÉVÉNEMENTS HISTORIQUES ET POLITIQUES
	1494 Début des guerres d'Italie : Entrée des troupes de Charles VIII dans Rome. Naissance de François Iᵉʳ.
1500 Première édition des *Adages* d'Érasme. **1504** *Manuel du chevalier chrétien* d'Érasme.	**1498** Vasco de Gama découvre la route maritime des Indes.
	1508 Le pape Jules II suscite une ligue contre Louis XII, roi de France.
1509 *Éloge de la Folie* d'Érasme. **1512** Michel-Ange achève le décor de la chapelle Sixtine. **1513** Machiavel, *Le Prince*.	
	1515 Les guerres d'Italie prennent une dimension de plus en plus nettement européenne. **1517** Martin Luther affiche ses 95 thèses au château de Wittenberg. **1519-1521** Premier voyage autour de la Terre de Magellan.
	1521 Premiers succès de la Réforme en Allemagne ; Luther est mis hors la loi par la diète de Worms.
	1525 Défaite de Pavie ; emprisonnement de François Iᵉʳ.

Vie	Œuvres
1530 Études de médecine à Montpellier.	
1531 Rabelais est nommé médecin à Lyon.	
	1532 Publication de *Pantagruel*.
1533 Premier séjour de Rabelais à Rome, où il accompagne le cardinal Jean du Bellay. Condamnation de *Pantagruel* par la Sorbonne.	
	1534 Date présumée de la publication de *Gargantua*.
1535-1536 Séjours de Rabelais à Rome. Le pape Paul III lui indique la voie à suivre pour régulariser sa situation de moine défroqué. Il devient chanoine à Saint-Maur-des-Fossés, sans néanmoins résider dans cette abbaye.	
1538 Il est reçu docteur en médecine à la faculté de Montpellier.	

ÉVÉNEMENTS CULTURELS ET ARTISTIQUES	ÉVÉNEMENTS HISTORIQUES ET POLITIQUES
1527 Clément Marot, *Épître au roi pour le délivrer de prison*. **1528** Le *Cicéronien* d'Érasme.	
1530 Traduction de la Bible en français par Lefèvre d'Étaples. **1531** *Adolescence clémentine* de Clément Marot.	**1530** Diète d'Augsbourg : l'empereur entend préserver l'unité religieuse.
1534 Traduction complète de la Bible en allemand par Luther.	**1534** Affaire des Placards. Fondation de l'ordre des Jésuites par Ignace de Loyola.
1536 Calvin rédige l'*Institution chrétienne*.	
	1541 Établissement de l'Église de Genève par Calvin.

Vie	Œuvres
	1542 Versions définitives de *Pantagruel* et de *Gargantua*.
1546 Rabelais accepte un poste de médecin à Metz.	**1546** Publication du *Tiers Livre*, immédiatement condamné par les théologiens de la Sorbonne. **1547** Publication de onze chapitres du futur *Quart Livre*.
1552 Le cardinal Jean du Bellay fait octroyer à Rabelais les cures de Meudon et de Saint-Christophe-du-Jambet. **1553** Mort de Rabelais, vraisemblablement à Paris.	**1552** Publication de l'intégralité du *Quart Livre*. **1562** Publication de *L'Isle Sonnante* (11 chapitres du futur *Quint Livre*). **1564** Publication de l'intégralité du *Quint Livre*, dont la paternité a été longtemps contestée.

ÉVÉNEMENTS CULTURELS ET ARTISTIQUES	ÉVÉNEMENTS HISTORIQUES ET POLITIQUES
1544 *Délie* de Maurice Scève.	
	1545 Début du concile de Trente, destiné à mettre en œuvre la contre-offensive catholique contre les progrès du protestantisme. **1546** Guerre de Charles Quint contre la ligue des princes protestants.
1549 *Défense et illustration de la langue française* de Joachim du Bellay. **1552** Premier livre des *Amours* de Ronsard.	

GENÈSE
DE L'ŒUVRE

Les sources

Dès le prologue de *Pantagruel*, sa première œuvre littéraire, Rabelais avoue sa dette : il place son propre livre dans le sillage des *Grandes et Inestimables Chroniques du grand et énorme géant Gargantua*, ouvrage anonyme vendu avec un énorme succès lors des foires lyonnaises de 1532. Rattachant son livre au cycle de la Table ronde, l'auteur y racontait comment l'enchanteur Merlin, pour servir le roi Arthur, créait, à partir d'ossements de baleine, Grandgousier et Galemelle, lesquels mouraient après avoir enfanté Gargantua. On a parfois attribué à Rabelais la paternité de cet humble livret de colportage. L'hypothèse est invraisemblable : les *Grandes et Inestimables Chroniques* déroulent un récit d'une platitude et d'une monotonie absolues, dépourvu de la moindre inventivité dramatique ; l'auteur se contente de multiplier les scènes de ripailles et de prouesses guerrières, dans une langue où l'on chercherait en vain quelque trace de saveur ou d'exubérance. Rabelais reprendra néanmoins à son prédécesseur l'idée de plusieurs épisodes, auxquels il saura donner une toute autre ampleur : le combat singulier entre les géants, la noyade des ennemis dans des flots d'urine (*Pantagruel*), la jument qui abat les forêts, la visite du géant à Paris et l'enlèvement des cloches de Notre-Dame (*Gargantua*). Il emprunte également les noms de quelques-uns des protagonistes : Grandgousier, Galemelle (transformé en « Gargamelle »), et Gargantua. Pas plus que Rabelais, l'auteur anonyme des *Chroniques* n'est l'auteur de la légende de Gargantua, dont on trouve des traces avant le XVIᵉ siècle : à la fin du Moyen Âge, le personnage est présent dans le folklore, caractérisé à la fois par une stature exceptionnelle, une humeur débonnaire et un appétit féroce.

Quant au personnage de Pantagruel, Rabelais en emprunte le nom à un mystère médiéval, dans lequel un démon nommé « Penthagruel » venait, de nuit, jeter du sel dans la bouche des ivrognes, et entretenait ainsi leur soif. Le tandem formé par Pantagruel et Panurge vient vraisemblablement des épopées héroï-comiques italiennes, entre autres le *Morgante Maggiore* de Pulci (1481) et les *Macaronées* de Folengo, dit Merlin Coccaïe (1517). Dans ce dernier ouvrage, le géant Fracasse a pour compagnon le rusé Cingar, pilleur de troncs d'église comme le sera Panurge. Le géant, dans ces récits, est également entouré de compagnons dont chacun développe une aptitude particulière (ruse, rapidité ou savoir) qui se révèle très précieuse dans les circonstances délicates ; Pantagruel, de la même façon, aura ses « satellites » qui sauront le tirer d'un mauvais pas, à Paris aussi bien que sur le théâtre des opérations militaires.

Réécritures

Entre 1533-1534 (dates de la publication des deux récits) et 1542 (date de l'édition dite « définitive »), Rabelais, sans doute surpris par le succès, réédite plusieurs fois *Pantagruel* et *Gargantua*, et y apporte des modifications non négligeables. En ce qui concerne *Pantagruel*, deux types de corrections retiennent l'attention. D'abord, la division des chapitres est modifiée, de manière à éviter des déséquilibres trop flagrants :

Sorbonagre

Maître Thubal Holoferne, grand docteur sophiste,
par Gustave Doré. Paris, Bibliothèque des Arts décoratifs.

certains épisodes très longs, qui occupaient un seul chapitre dans l'édition originale, seront découpés en deux ou trois chapitres. Ensuite, les railleries trop cinglantes contre les théologiens de la Sorbonne, qui s'étaient accentuées dans certaines éditions des années 1530, accompagnées de contrepèteries peu flatteuses (« Sorbillans, Sorbonagres, Sorbonigènes, Sorbonicoles, Sorboniformes, Sorbonisecques, Niborcisans, Borsonisans, Saniborsans »), disparaissent de l'édition définitive. Sans doute est-ce une volonté de compromis qui inspire Rabelais : l'écrivain a beau disposer d'un puissant protecteur en la personne u cardinal Jean du Bellay, il n'en doit pas moins se méfier des contre-attaques de la faculté de théologie.

L'édition définitive de *Gargantua* fait l'objet d'un semblable souci : les passages les plus subversifs – ceux qui risquent le plus de heurter de front l'orthodoxie religieuse – sont adoucis, prudemment neutralisés, voire éliminés. Par exemple, les « précepteurs sorbonagres » de la première édition se transforment en « précepteurs sophistes ». Mais les lecteurs un peu avertis pouvaient-ils être dupes de cette substitution ?

Mre FRANCOIS RABELAIS DOCTEVR EN MEDECINE CVREE DE
MEVDON LEZ PARIS.
Cet Esprit et rare et subtil.
Charmant, joyial, et gentil.
Ne nous paroist-il pas sur ce riant Vizage,
Demen dans auec hous la mort de rabelais.
Ou recognois son aduantage,
De reuiure aprez son detez.

Moncornet ex.

Portrait de Rabelais par Moncornet.
Paris, Bibliothèque nationale.

Pantagruel
Gargantua

RABELAIS

récits d'aventures guerrières
et de formation intellectuelle

La naissance de Pantagruel.
Paris, Bibliothèque nationale.

PANTAGRUEL

Prologue de l'auteur

Très illustres et valeureux héros, gentilshommes qui vous adonnez volontiers à toutes sortes de nobles occupations, vous avez naguère vu, lu et su les Grandes et inestimables Chroniques de l'énorme géant Gargantua[1] ; *et comme de vrais fidèles, vous les avez crues à la lettre, et y avez maintes fois passé votre temps avec les honorables dames et demoiselles, en leur faisant de beaux et longs récits [...].*

Si seulement il était en mon pouvoir de faire en sorte que chacun abandonne sa propre besogne, ne se soucie plus de ses activités et oublie ses affaires pour se consacrer entièrement à ces récits, sans avoir l'esprit distrait ni embarrassé par autre chose, jusqu'à les savoir par cœur, afin que, si par hasard l'art de l'imprimerie s'éteignait et que tous les livres périssaient, chacun puisse à l'avenir les enseigner clairement à ses enfants ! [...]

J'ai connu un grand nombre de hauts et puissants seigneurs qui allaient chasser de grosses bêtes avec le faucon : s'il leur arrivait de ne pas rencontrer la bête sur les brisées[2] ou si le faucon se mettait à planer[3], en voyant la proie s'enfuir à tire-d'aile[4], ils étaient bien chagrinés, comme vous l'imaginez ; mais leur réconfort, pour éviter de se morfondre, était de relire les faits inestimables dudit Gargantua.

---

1. Ouvrage anonyme publié quelques mois avant *Pantagruel*.
2. **Brisées** : branches qu'on casse, à la chasse, pour marquer la voie de la bête.
3. Le faucon plane lorsqu'il renonce à poursuivre sa proie.
4. Avec des battements d'ailes rapides, très vite.

Je ne raconte pas de fariboles[1] : il y a d'autres personnes, dans le monde qui, étant en proie à des violents maux de dents, après avoir dépensé tout leur argent en médecin sans en tirer le moindre profit, n'ont pas trouvé de remède plus efficace que de mettre les Chroniques *entre deux linges bien chauds et de les appliquer à l'endroit de la douleur, en les saupoudrant d'un peu de poudre d'Oribus.*

Mais que dirai-je des pauvres vérolés et goutteux ? Combien de fois les avons-nous vus, quand ils étaient abondamment enduits de graisse[2], que leur visage brillait comme le verrou d'un garde-manger, que leurs dents claquaient comme les touches d'un clavier d'orgue ou d'épinette[3] quand on joue dessus [...] ? Que faisaient-ils alors ? Toute leur consolation était d'entendre lire une page de ce livre, et nous en avons vu qui se donnaient à tous les diables, au cas où ils n'auraient pas senti un soulagement évident à la lecture de ce livre, [...] tout comme les femmes en couche lorsqu'on leur lit la vie de sainte Marguerite.

N'est-ce rien, cela ? Trouvez-moi un livre, en quelque langue, en quelque discipline et science que ce soit, qui possède de telles vertus, de telles propriétés et prérogatives, et je paierai une chopine[4] de tripes. Non, Messieurs, non. Il est sans équivalent, incomparable et il ne ressemble à aucun autre. Je le maintiens jusqu'au feu exclusivement. Et ceux qui voudraient maintenir le contraire, appelez-les trompeurs, prédestinateurs, imposteurs et séducteurs. [...]

---

1. **Fariboles :** balivernes, bêtises.
2. On soignait la vérole et la goutte avec des pommades.
3. **Épinette :** ancien instrument de musique à clavier et à cordes pincées.
4. **Une chopine :** un demi-litre.

Repères

1. À qui s'adresse le narrateur au début du prologue ?
2. Le public visé vous paraît-il être le même dans les derniers paragraphes ?

Observation

3. Quel est l'objectif que poursuit le narrateur tout au long de ce prologue ?
4. Quel est l'effet attribué au livre dans les paragraphes 2 et 3 ?
5. À quoi le livre est-il comparé au cours des deux paragraphes suivants ? Cette comparaison vous paraît-elle surprenante ?
6. Relevez et classez les procédés par lesquels le narrateur interpelle le lecteur. Quelle fonction, à cet égard, vous paraît remplir la dernière phrase ?

Interprétations

7. À quel type d'activité assimileriez-vous la démarche du narrateur tout au long de ce prologue ?
8. En quoi ce prologue vous paraît-il bouffon ?
9. Pourquoi, à votre avis, le narrateur a-t-il choisi de faire l'éloge d'un livre qui n'est pas le sien ?
10. À la lecture de ce prologue, peut-on esquisser un portrait du narrateur ? Quelles sont, d'après vous, ses caractéristiques dominantes ?

De la lecture à l'écriture

11. Faites l'éloge d'un récit palpitant que vous venez de terminer auprès d'un ami qui n'est pas particulièrement amateur de lecture.

CHAPITRES 1-2

(L'auteur retrace, sur un mode qui parodie les généalogies de l'Ancien Testament, la lignée du géant Pantagruel. Ce dernier est le fils de Gargantua, âgé de plus de quatre cents ans au moment de sa naissance, et de Badebec, qui meurt en
5 couches.)

CHAPITRE 3

De la douleur qui fut celle de Gargantua
à la mort de sa femme Badebec

Quand Pantagruel fut né, qui fut bien ébahi et perplexe ? Ce fut Gargantua son père. Car, voyant d'un côté sa femme Badebec morte, de l'autre son fils Pantagruel, si beau et si fort, il ne savait que dire ni que faire, et le doute qui troublait
5 son esprit était le suivant : devait-il mener grand deuil à cause de sa femme, ou rire de joie à cause de son fils ? D'un côté comme de l'autre il avait des arguments sophistiques[1] qui l'embarrassaient, car il les faisait très bien *in modo et figura*[2] ; mais il ne pouvait en tirer de conclusion, et restait
10 ainsi empêtré comme la souris prise au piège ou l'oiseau au filet.

« Pleurerai-je ? disait-il. Oui, et pourquoi ? Ma femme si bonne, qui était la plus ceci et la plus cela au monde, n'est

---

1. **Arguments sophistiques :** fondés sur des raisonnements tels qu'on les pratiquait dans les universités du Moyen Âge.
2. *In modo et figura :* expression latine qui signifie : « selon les règles ».

plus. Jamais je ne la reverrai, jamais je n'en retrouverai de
15 semblable ; c'est pour moi une perte inestimable ! Ô mon
Dieu, que t'avais-je donc fait pour que tu me punisses ainsi ?
Pourquoi ne m'as tu pas fait mourir le premier ? Car vivre
sans elle, ce n'est plus que languir. [...] »

Et disant ces mots, il pleurait comme une vache ; mais
20 aussitôt il riait comme un veau en revoyant Pantagruel.

« Oh, mon petit garçon, disait-il, mon couillon, mon
peton, que tu es joli, et comme je remercie Dieu de m'avoir
donné un si bel enfant, si joyeux, si rieur et si mignon ! Ho,
ho, ho, ho, ho, que je suis heureux ! Buvons, ho, et
25 abandonnons toute mélancolie ! Apporte du meilleur[1], rince
les verres, installe la nappe, chasse ces chiens, souffle ce feu,
allume la chandelle, ferme cette porte, coupe le pain, envoie
ces pauvres, donne-leur ce qu'ils demandent ! Tiens ma robe,
que je me mette en pourpoint pour fêter nos amis ! »
30 Prononçant ces mots, il entendit les litanies et les
Mémentos[2] des prêtres qui portaient sa femme en terre, et il
abandonna aussitôt ses joyeux propos ; l'esprit entraîné
ailleurs, il dit :

« Seigneur Dieu, faut-il que je continue à m'affliger ? Cela
35 me fâche ; je ne suis plus jeune, je deviens vieux, le temps est
malsain, je pourrais attraper quelque fièvre ; me voilà affolé.
Foi de gentilhomme, il vaut mieux pleurer moins et boire
davantage ! Ma femme est morte, eh bien, par Dieu (*da
jurandi*[3]), je ne la ressusciterai pas par mes pleurs : elle est
40 bien, elle est au paradis pour le moins, peut-être mieux ; elle
prie Dieu pour nous, elle est bien heureuse, elle ne se soucie
plus de nos misères et calamités. C'est ce qui nous pend au
nez, et que Dieu garde celui qui reste ! Il me faut penser à en
trouver une autre. » [...]

---

1. Sous entendu : « du meilleur vin ». La série d'ordres qui suit s'adresse à
un domestique.
2. **Litanies, Mémentos** : prières pour les morts.
3. *Da jurandi :* expression latine signifiant : « Donne-moi la permission de jurer ».

Pantagruel buvant le lait de quatre mille six cents vaches
par Paul Jonard, d'après Gustave Doré.
Paris, Bibliothèque nationale

CHAPITRE 4

De l'enfance de Pantagruel

[...] Je ne dirai pas comment, lors de chacun de ses repas, il buvait le lait de quatre mille six cents vaches, ni comment, pour lui faire un poêlon destiné à cuire sa bouillie, on occupa tous les poêliers de Saumur en Anjou, de Villedieu en
5 Normandie, de Bramont en Lorraine, ni comment on lui donnait cette bouillie dans une grande auge qui se trouve encore à Bourges, près du palais ; mais ses dents étaient déjà si développées et fortifiées qu'il en brisa un grand morceau, comme cela se voit très bien.

10 Un jour, vers le matin, alors qu'on voulait le faire téter une de ses vaches (car c'est ce qui lui tint lieu de nourrices, comme le dit l'histoire), il se défit des liens qui le retenaient au berceau par le bras, vous prend ladite vache au jarret, et lui mangea les deux tétines et la moitié du ventre, avec
15 le foie et les rognons, et il l'aurait toute dévorée si elle n'avait crié horriblement, comme si les loups la tenaient aux jambes ; à ces cris tout le monde accourut, et l'on ôta la vache à Pantagruel ; mais on eut beau faire, le jarret lui resta entre les mains, et il le mangeait comme vous feriez d'une
20 saucisse ; et quand on voulut lui ôter l'os, il l'avala aussi vite qu'un cormoran avale un petit poisson ; et ensuite il commença à dire : « Bon ! bon ! bon ! », car il ne savait pas encore bien parler, voulant faire comprendre qu'il avait trouvé cela fort bon et qu'il ne demandait qu'à recommencer.
25 Voyant cela, ceux qui le servaient le lièrent avec de gros câbles [...].

Mais, un jour qu'un grand ours, que nourrissait son père, s'échappa et vint lui lécher les babines (que les nourrices ne lui avaient pas bien torchées), il se défit desdits câbles aussi

30 facilement que Samson[1] parmi les Philistins, et vous pris
Monsieur de l'Ours et le mit en pièces comme un poulet, et
vous en fit un régal pour son repas.

C'est pourquoi Gargantua, craignant qu'il ne se blesse, lui
fit faire quatre grosses chaînes de fer pour le lier, et fit mettre
35 des arcs-boutants bien ajustés à son berceau. Et de ces
chaînes, vous en avez une à La Rochelle que l'on lève le soir
entre les deux grosses tours du Havre ; l'autre est à Lyon, la
troisième à Angers, et la quatrième fut emportée par les
diables pour lier Lucifer, qui se déchaînait en ce temps-là à
40 cause d'une colique qui le faisait extraordinairement souffrir
[...].

Stomach pain

---

1. **Samson** : personnage biblique en lutte contre les Philistins qui tire sa force
de sa chevelure.

REPÈRES

1. Le chapitre 3 vous paraît-il bien mériter son titre ? Que devrait-on ajouter à ce dernier si l'on voulait rendre exactement compte de ce qui se passe dans le chapitre ?

2. De quoi est essentiellement constitué le chapitre consacré à l'enfance de Pantagruel ? À quel héros de la mythologie vous fait-il penser ?

OBSERVATION

3. Comment décririez-vous le comportement de Gargantua au chapitre 3 ?

4. Quel rôle remplissent les questions et les exclamations dans les différentes parties de son monologue ?

5. Quels sont les arguments qui le poussent finalement à mettre un terme à ses lamentations ?

6. Quel est le thème qui unifie les trois paragraphes du chapitre 4 ? Quelle image donne-t-il du héros et de ses capacités ?

INTERPRÉTATIONS

tout, gete over le fait

7. L'application du raisonnement à une situation douloureuse vous paraît-elle vraisemblable ? Quel effet crée cette superposition de deux registres (intellectuel / émotif) ?

emotions take over reasoning

DE LA LECTURE À L'ÉCRITURE

8. Écrivez un bref récit qui transpose dans l'univers de la science-fiction les exploits de Pantagruel enfant.

Chapitres 5-6-7

(Après avoir, comme Hercule, accompli plusieurs exploits physiques, Pantagruel fait un tour des universités françaises, selon la pratique courante de l'époque. À Paris, il étudie de nombreux livres, dont Rabelais déroule la liste, qui contient
5 autant de titres authentiques et parfaitement sérieux que de titres inventés et grotesques)

Chapitre 8

Comment Pantagruel, à Paris, reçut de son père Gargantua une lettre dont voici la copie

(Après avoir fait part à Pantagruel, au début de la lettre, des joies liées à la paternité, Gargantua lui rappelle qu'il a tout mis en œuvre pour que son fils fasse les meilleures études. Ce dernier, en outre, doit profiter d'un contexte
5 historique favorable, que lui-même n'a pas connu dans sa jeunesse.)

L'époque était encore (ténébreuse) et se ressentait du malheur et des désastres causés par les Goths[1], qui avaient détruit toute bonne littérature. Mais, grâce à la bonté divine,
10 *la lumière et la dignité ont été rendues aux lettres, et j'y vois aujourd'hui un tel progrès que je serais difficilement reçu*

---

1. **Goths :** peuple germanique qui attaqua l'Empire romain. Pour les humanistes comme Rabelais, les « Goths » sont les représentants d'un enseignement vieilli et grossier.

dans les classes élémentaires, moi qui, en mon âge mûr, étais considéré à juste titre comme le plus savant de l'époque. [...]

15 *Aujourd'hui, toutes les disciplines sont rétablies, et l'étude des langues instaurée : le grec, dont l'ignorance est une honte pour celui qui se prétend savant, l'hébreu, le chaldéen[1], le latin ; l'imprimerie, qui fournit des éditions si correctes et élégantes, a été inventée de mon vivant par une inspiration divine, alors que l'artillerie l'a été par une suggestion*

20 *diabolique. Le monde est plein de gens savants, de précepteurs, de doctes, de vastes bibliothèques, au point, me*

---

1. **Chaldéen :** variété de l'hébreu employée dans certains textes de l'Ancien Testament.

Pantagruel à la bibliothèque Saint-Victor *par Gustave Doré.*
Paris, Bibliothèque nationale.

semble-t-il, que ni à l'époque de Platon[1], de Cicéron[2] ou de Papinien[3], on ne pouvait étudier avec autant de facilité qu'à présent, et désormais, on ne pourra plus se montrer en société *Workshop* 25 si l'on n'a été bien affiné dans l'atelier de Minerve[4]. Je vois les bourreaux, les brigands, les aventuriers, les palefreniers d'aujourd'hui plus doctes que les docteurs et les prêcheurs de mon temps. [...]

Aussi, mon fils, je t'exhorte à employer ta jeunesse à bien 30 progresser en savoir et en vertu. Tu es à Paris, tu as ton précepteur Épistémon : l'un peut t'être profitable par son enseignement vivant et oral, l'autre par de louables exemples.

J'entends et je veux que tu apprennes parfaitement les langues : d'abord le grec, comme le recommande 35 Quintilien[5], ensuite le latin, enfin l'hébreu pour l'Écriture sainte, le chaldéen et l'arabe pour la même raison ; et je veux que tu formes ton style sur celui de Platon pour le grec, sur celui de Cicéron pour le latin. [...]

Des arts libéraux[6] – géométrie, arithmétique et musique – 40 je t'ai donné le goût quand tu étais petit, à l'âge de cinq ou six ans ; continue, et apprends toutes les règles de l'astronomie [...]

Du droit civil, je veux que tu saches par cœur tous les beaux textes, et que tu me les récites avec sagesse.

45 Quant à la connaissance de la nature, je veux que tu t'y consacres avec soin : qu'il n'y ait mer, rivière ou source dont tu ne connaisses les poissons ; je veux que tu connaisses aussi tous les oiseaux de l'air, tous les arbres, arbustes et buissons

---

1. **Platon :** philosophe grec (vers 428-vers 348 av. J.-C.).
2. **Cicéron :** orateur et homme politique latin (106-43 av. J.-C.).
3. **Papinien :** juriste romain (IIe siècle de notre ère).
4. C'est-à-dire : « si on n'a pas été placé sous la protection de la déesse de la sagesse ».
5. **Quintilien :** écrivain latin (Ier siècle apr. J.-C.), auteur d'un ouvrage célèbre sur la formation de l'orateur.
6. **Arts libéraux :** dans les études médiévales, ce sont les disciplines qui, comme leur nom l'indique, sont censés libérer l'esprit de l'homme.

des forêts, toutes les plantes de la terre, tous les métaux
50 *cachés au centre des abîmes, les pierreries de l'Orient et du*
Midi. [...]

En somme, que je voie en toi un abîme de science : car
maintenant que tu deviens homme et te fais grand, il te
faudra abandonner la tranquillité et le repos de l'étude, et
55 *apprendre la chevalerie et les armes, afin de défendre ma*
maison et secourir nos amis dans toutes les difficultés
provoquées par les assauts des malfaiteurs.

Et je veux que bientôt tu mesures tes progrès : ce que tu
ne pourras mieux faire qu'en soutenant des discussions
60 *publiques, envers et contre tous, et en fréquentant les gens*
lettrés qui vivent à Paris et ailleurs.

Mais, comme le dit le sage Salomon[1], la sagesse n'entre
pas dans une âme mauvaise, et science sans conscience n'est
que ruine de l'âme : il te faut donc aimer, servir et craindre
65 *Dieu, placer en lui toutes tes pensées et ton espoir et, par une*
foi nourrie de charité, être uni à lui de telle sorte que tu n'en
sois jamais séparé par le péché. [...]

---

1. **Salomon** : roi d'Israël, auquel on attribue le livre biblique de la *Sagesse*.

REPÈRES

1. Quel est le rôle de la lettre paternelle ?

2. Quel contraste entre l'époque actuelle et celle de sa jeunesse Gargantua met-il en évidence ? Dans quel but le fait-il ?

OBSERVATION

3. L'éducation telle que la conçoit Gargantua se réduit-elle au savoir ?

4. Relevez les termes qui appartiennent au champ lexical de la morale, et qui montrent que Gargantua est pleinement soucieux de cette dimension.

5. Quel terme emploieriez-vous pour qualifier la multiplicité des domaines dont Gargantua préconise l'étude à son fils ? Globalement, un tel programme vous paraît-il a) équilibré ? b) vraisemblable ?

6. Quels sont les verbes qui témoignent de l'autorité paternelle ? Signifient-ils, d'après vous, que Pantagruel n'a pas son mot à dire ?

INTERPRÉTATIONS

7. Quelle signification donnez-vous à l'expression « abîme de science » ? Quels peuvent être, à votre avis, les dangers ou les dérives d'une telle conception du savoir ?

8. Quels sont les points de ce programme qui vous paraissent toujours actuels ? Quels sont ceux, au contraire, qui vous semblent dépassés ? Justifiez vos réponses.

9. D'après vous, qu'est-ce qu'un père qui écrirait aujourd'hui à son fils lui recommanderait plus particulièrement ?

DE LA LECTURE À L'ÉCRITURE

10. Pantagruel, stimulé par les recommandations et conseils paternels, répond aussitôt à Gargantua pour lui faire part de sa volonté de progresser. Imaginez le contenu de sa lettre.

CHAPITRE 9

Comment Pantagruel rencontra Panurge, qu'il aima toute sa vie

Un jour que Pantagruel se promenait hors de la ville, du côté de l'abbaye Saint-Antoine, devisant et philosophant avec ses gens et quelques étudiants, il rencontra un homme de belle stature et d'une silhouette élégante, mais qui était couvert de
5 blessures, et si mal en point qu'il paraissait avoir échappé aux chiens [...].

D'aussi loin que le vit Pantagruel, il dit aux autres :

« Voyez-vous cet homme qui vient par le chemin du pont Charenton ? Par ma foi, il n'est pauvre que de fortune, car
10 je vous assure, à voir sa physionomie, que Nature l'a fait naître d'une riche et noble lignée, mais les aventures qui arrivent aux gens curieux l'ont réduit à cette pénurie et à cette indigence. »

Lorsque ce dernier fut arrivé à leur hauteur, Pangruel lui
15 demanda :

« Mon ami, je vous prie de bien vouloir vous arrêter et de répondre à mes questions ; vous ne vous en repentirez point, car je suis vivement désireux de vous aider autant que je peux, vu le malheur où vous semblez être, car vous me faites
20 bien pitié. Aussi, dites-moi : Qui êtes-vous ? D'où venez-vous ? Où allez-vous ? Que cherchez-vous ? Et quel est votre nom ? »

Le compagnon lui répond en allemand :

« *Juncker, Gott eb euch unnd hail. Zuvor, lieber Juncker,*
25 *ich las euch wissen, das da ir mich von fragt, ist ein arm unnd erbarmglich ding [...].* »

À ces mots, Pantagruel répondit :

« Mon ami, je ne comprends pas ce baragouin ; aussi, si vous souhaitez qu'on vous comprenne, parlez une autre
30 langue. »

Le compagnon lui répondit donc :

« *Al barildim gotfano dech min brin alabo dordin falbroth ringuam albaras. [...]* »

— Y comprenez-vous quelque chose ? dit Pantagruel à
35 ceux qui étaient là.

À quoi Épistémon répondit :

— Je crois que c'est le langage des Antipodes[1] ; le diable lui même n'y comprendrait rien. [...]

(Panurge s'exprime successivement en une dizaine de langues
40 que Pantagruel et ses compagnons ne comprennent pas plus.)

— Mon ami, dit Pantagruel, ne savez-vous donc pas parler français ?

— Oh, si, et très bien, Dieu merci, répondit le compagnon. C'est ma langue naturelle et maternelle, car je suis né et j'ai
45 été élevé dans le jardin de France : la Touraine.

— Dites-nous donc, reprit Pantagruel, quel est votre nom et d'où vous venez ; car je vous ai déjà pris en telle affection que, si vous y consentez, vous ne quitterez jamais ma compagnie, et vous et moi formerons une nouvelle paire
50 d'amis comme celle d'Énée et d'Achate[2].

— Seigneur, dit le compagnon, mon vrai nom de baptême est Panurge, et à présent je viens de Turquie, où je fus fait prisonnier lorsqu'on alla à Mitylène[3] au mauvais moment ; et je vous raconterai volontiers mes aventures qui sont plus
55 merveilleuses que celles d'Ulysse[4] ; mais puisqu'il vous plaît

---

1. **Antipodes** : endroit de la Terre diamétralement opposé à celui où l'on se trouve.
2. **Achate** : dans l'*Énéide* de Virgile, Achate est le fidèle compagnon du héros.
3. **Mitylène** : possession turque, l'île grecque de Mytilène a été vainement assiégée par les Français en 1502.
4. **Ulysse** : dans *L'Odyssée*, Ulysse connaît de nombreuses épreuves et de multiples aventures avant de regagner sa patrie, l'île d'Ithaque.

Panurge, compagnon de Pantagruel *par Gustave Doré*.
Paris, Bibliothèque nationale.

de me retenir auprès de vous [...], nous trouverons un moment plus opportun pour en parler, car pour l'instant, j'ai un besoin très urgent de me nourrir : dents longues, ventre vide, gorge sèche, faim de loup, tout y est. Si vous voulez me
60 mettre à l'œuvre, vous serez émerveillé de me voir bâfrer. Par Dieu, donnez-y ordre ! »

CHAPITRES 10-15

(Pantagruel, au cours des chapitres suivants, réussit à mettre un terme à un procès extraordinairement embrouillé, qui opposait depuis longtemps les seigneurs de Baisecul et Humevesse, ce qui lui vaut l'admiration générale des juristes
5 parisiens. Après quoi, Panurge raconte au géant et à ses compagnons la façon dont il a échappé aux Turcs qui l'avaient embroché et s'apprêtaient à le faire rôtir.)

CHAPITRE 16

Des mœurs et des habitudes de Panurge

Panurge était de taille moyenne, ni trop grand, ni trop petit, et il avait le nez un peu aquilin[1], fait en manche de rasoir ; il était âgé, à ce moment-là, de trente-cinq ans

---

1. **Aquilin** : en forme de bec d'aigle.

environ, fin à dorer comme une dague de plomb[1], très
5 plaisant de sa personne, sinon qu'il était quelque peu
débauché, et sujet de nature à une maladie qu'on appelait en
ce temps-là

Manque d'argent, c'est douleur à nulle autre pareille.

Toutefois, il avait soixante-trois manières d'en trouver
10 selon son besoin, la plus honorable et la plus commune étant
le ⟨larcin⟩ commis furtivement ; il était malfaiteur, filou,
batteur de pavé[2], voleur comme il y en avait peu à Paris ;
au demeurant le meilleur fils du monde, et toujours en train
de machiner quelque chose contre les sergents et contre le
15 guet.

Parfois, il rassemblait trois ou quatre bons ⟨rustres⟩, les
faisait boire comme des templiers[3] sur le soir ; ensuite, il les
emmenait au bas de Sainte-Geneviève ou près du collège de
Navarre[4], et, à l'heure où le guet montait par là, ce qu'il
20 savait en mettant son épée sur le pavé et son oreille dessus
(lorsqu'il entendait son épée branler, c'était le signe infaillible
que le guet s'approchait), à cette heure-là, donc, ses
compagnons et lui prenaient un tombereau[5] et le poussaient
de toutes leurs forces le long de la pente ; les pauvres soldats
25 du guet étaient renversés par terre comme des porcs et
s'enfuyaient de l'autre côté [...].

D'autres fois, il répandait, en un endroit où le guet devait
passer, une traînée de poudre à canon, et, à l'heure où les
soldats arrivaient, il y mettait le feu, puis s'amusait à voir
30 l'allure qu'ils avaient en fuyant, pensant que le feu Saint-
Antoine[6] les tenait aux jambes. [...]

---

1. Expression ironique, car la dague de plomb est de mauvaise qualité, et
d'ailleurs impossible à dorer.
2. **Batteur de pavé :** qui va et vient dans les rues, sans but précis.
3. Les chevaliers du Temple n'avaient pas une réputation de sobriété.
4. **Collège de Navarre :** il se trouvait en haut de la montagne Sainte-Geneviève.
5. **Tombereau :** voiture de charge montée sur roues.
6. **Feu Saint-Antoine :** maladie infectieuse de la peau.

REPÈRES

1. À la lecture des deux chapitres, quelle image de Panurge s'impose ? Quels sont, d'après vous, les caractéristiques les plus frappantes du personnage ?

OBSERVATION

2. Le discours initial de Pantagruel à Panurge contient : a) une interpellation ; b) une série de questions. Quelle vous paraît être la fonction de la première et des secondes ?

3. Quel but poursuit Panurge, dans le chapitre 9, en utilisant une série de langues (réelles ou imaginaires) que ses intelocuteurs ne comprennent pas ?

4. Comment expliquez-vous la réaction de Pantagruel, sachant qu'au chapitre 6 le géant a failli étrangler un « écolier limousin » qui, par vanité, s'exprimait dans un langage incompréhensible, mi-français mi-latin ?

5. Relevez les termes qui, dans les chapitres 9 et 16, donnent une image un peu inquiétante de Panurge. L'emportent-ils, à votre avis, sur le côté joyeux et « bon enfant » du personnage ?

INTERPRÉTATIONS

6. La fréquentation d'un personnage tel que Panurge vous paraît-elle compatible avec les prescriptions de Gargantua à son fils (« fréquente les gens lettrés, à Paris et ailleurs », « fuis la compagnie de ceux à qui tu ne veux pas ressembler ») ?

7. Après ses exploits linguistiques, Panurge disparaît au profit de Pantagruel, qui réussit à trancher une « controverse merveilleusement obscure » entre deux seigneurs. Pourquoi, à votre avis, le portrait de Panurge (ch. 16) intervient-il bien après l'entrée en scène du personnage ?

DE LA LECTURE À L'ÉCRITURE

8. Au lieu d'utiliser une série de langues incompréhensibles, Panurge fait une réponse impatiente et insolente aux questions de Pantagruel. Imaginez cette réponse.

CHAPITRES 17-24

(Suivent plusieurs épisodes où Panurge fait montre de sa virtuosité et de sa capacité à jouer aux autres toutes sortes de tours pendables. Au chapitre 23, Pantagruel apprend que son père Gargantua vient de mourir, et que les Dipsodes,
5 habitants du pays voisin, en ont profité pour envahir Utopie, son royaume. Avec ses compagnons, il quitte donc Paris en toute hâte et s'embarque pour son pays natal.)

CHAPITRE 25

Comment Panurge, Carpalim, Eusthènes[1], Épistémon, compagnons de Pantagruel, anéantirent six cent soixante chevaliers bien habilement

[...] Ils avisèrent six cent soixante cavaliers, bien montés sur des chevaux légers, qui accouraient là pour voir quel était le navire qui venait d'aborder au port, et qui couraient à bride abattue pour s'emparer des nouveaux venus [...].
5 Alors Pantagruel dit :
« Enfants, retirez-vous dans le navire. Voyez nos ennemis qui accourent ; je vais les tuer comme des bêtes, et j'y parviendrais même s'ils étaient dix fois plus nombreux. Pendant ce temps retirez-vous, et amusez-vous du spectacle. »
10 Panurge répondit alors :
« Non, Seigneur, il n'y a pas de raison pour que vous agissiez de la sorte; au contraire, retirez-vous dans le navire,

---

1. **Carpalim et Eusthènes** sont des compagnons de Pantagruel, apparus au cours des chapitres précédents, et dont le rôle n'a pas été précisé par Rabelais.

Annihilate

vous et les autres, et je les anéantirai tout seul. Mais il ne faut plus tarder. Avancez, vous autres. »

15   À ces mots, les autres répondirent :

« C'est bien dit, Seigneur, retirez-vous et nous aiderons Panurge ; vous verrez ainsi de quoi nous sommes capables. »

Pantagruel dit alors :

« Je le veux bien. Mais si jamais ils avaient l'avantage, je
20 ne vous abandonnerais pas. »

Panurge tira alors deux grandes cordes du navire et les attacha au cabestan[1] qui était sur le tillac[2], les mit à terre, en fit deux longues boucles, l'une plus grande, l'autre à l'intérieur, et dit à Épistémon :

25   « Entrez dans le navire, et quand je vous sonnerai, tournez adroitement le cabestan sur le tillac en ramenant à vous ces deux cordes. »

Puis il dit à Eusthènes et Carpalim :

« Mes enfants, attendez ici : offrez-vous franchement aux
30 ennemis, obéissez leur et faites semblant de vous rendre. Mais prenez garde à ne pas entrer dans le cercle de ces cordes. Tenez-vous toujours au dehors. »

Et aussitôt il entra dans le navire, prit une botte de paille et un baril de poudre à canon, qu'il répandit à l'intérieur du
35 cercle des cordes, et il resta tout près avec une grenade.

Soudain les cavaliers arrivèrent en force ; les premiers heurtèrent presque le navire et, comme le rivage était glissant, il y en eut quarante-quatre qui tombèrent avec leurs chevaux. Voyant cela, les autres pensèrent qu'on leur avait opposé une
40 résistance. Mais Panurge leur dit :

« Messieurs, je crois que vous vous êtes fait mal ; pardonnez-nous, ce n'est pas notre faute, mais celle du caractère lubrifiant[3] de l'eau de mer, qui est toujours onctueuse. Nous nous rendons à votre bon plaisir. »

---

1. **Cabestan :** treuil sur lequel peut s'enrouler un câble.
2. **Tillac :** pont supérieur du bateau.
3. **Lubrifiant :** qui rend glissant.

45 Ses deux compagnons et Épistémon, qui était sur le tillac, en dirent autant.

Pendant ce temps Panurge s'éloignait et, voyant qu'ils se trouvaient tous dans le cercle des cordes, et que ses deux compagnons s'en étaient éloignés [...], il cria soudain à
50 Épistémon :

« Tire ! Tire ! »

Épistémon commença alors à tirer en actionnant le cabestan : les deux cordes s'empêtrèrent entre les chevaux et les jetaient facilement à terre, eux et leurs cavaliers ; mais eux,
55 voyant cela, voulurent couper les cordes ; aussi Panurge mit-il le feu à la traînée de poudre, et les fit-il tous brûler comme des âmes damnées. Hommes et chevaux, nul n'en réchappa, excepté un cavalier monté sur un cheval turc, qui l'aida à fuir ; mais quand Carpalim l'aperçut, il lui courut après avec
60 une telle célérité[1] et vivacité qu'il le rattrapa en moins de cent pas, et, sautant sur la croupe de son cheval, il le saisit par-derrière et le ramena au navire.

Cette défaite achevée, Pantagruel fut bien joyeux, et loua grandement l'industrie de ses compagnons ; il les fit se
65 reposer et manger sur le rivage, où ils burent joyeusement, ventre contre terre ; leur prisonnier se trouvait avec eux, mais le pauvre diable n'était pas sûr que Pantagruel ne le dévorerait pas tout entier ; et ce dernier l'aurait fait, tant il avait la gorge large, aussi facilement que vous feriez d'une
70 dragée ; dans sa bouche, le prisonnier n'aurait pas tenu plus de place qu'un grain de millet dans la gueule d'un âne.

Fight, Panurge do it all by himself, every one else is like no we aren't hiding

---

1. **Célérité** : vitesse.

CHAPITRES 26-31

(La joyeuse troupe vient à bout d'Anarche, roi des Dipsodes,
et de Loup Garou, capitaine des géants alliés à ces derniers.)

CHAPITRE 32

Comment Pantagruel couvrit de sa langue toute une armée, et ce que l'auteur vit dans sa bouche

Tandis que Pantagruel et toute sa bande entraient dans la
terre des Dipsodes, tous les gens se réjouissaient ; et aussitôt
ils se rendaient à lui, et de leur plein gré lui apportaient les
clés de toutes les villes où il allait, excepté les Almyrodes, qui
5 voulurent lui résister, et répondirent à ses hérauts[1] qu'ils ne
se rendraient que sur de bonnes garanties.

« Quoi ! dit Pantagruel. Leur en faut-il de meilleures que
la main au pot et le verre au poing[2] ? Allons, qu'on me les
mette à sac[3]. »

10 Tout le monde se mit donc en position de donner l'assaut.
Mais en chemin, passant dans une grande plaine, ils furent
surpris par une grosse averse, qui les fit se trémousser et se
serrer l'un contre l'autre. Voyant cela, Pantagruel leur fit dire
par les capitaines que ce n'était rien, et qu'il voyait bien au-
15 dessus des nuages : ce ne serait qu'une petite ondée, mais il
valait mieux, à toutes fins utiles, qu'ils se mettent en ordre,
car il voulait les couvrir. Ils se mirent alors en bon ordre,

---

1. **Hérauts** : officiers chargés de transmettre les messages.
2. C'étaient là deux signes marquant un accord.
3. **Mettre à sac** : piller, saccager.

bien serrés, et Pantagruel tira seulement la moitié de la langue, et les couvrit comme une poule couve ses poussins.

20 Pendant ce temps, moi, qui vous raconte ces histoires si véridiques, je m'étais caché sous une feuille de bardane[1] [...]. Je montai par-dessus de mon mieux, et cheminai au moins deux lieues sur sa langue, si bien que j'entrai dans sa bouche.

Mais, ô dieux et déesses, que vis-je là ? Que Jupiter me 25 terrasse de son triple foudre si je mens. Je cheminai comme on fait dans l'église Sainte-Sophie à Constantinople, et je vis des rochers aussi grands que les monts du Danemark (je crois que c'étaient ses dents), et de grands prés, de grandes forêts, de puissantes et grosses villes, aussi grandes que Lyon ou 30 Poitiers.

La première personne que j'y rencontrai, ce fut un bonhomme qui plantait des choux. Aussi, tout ébahi, je lui demandai :

« Mon ami, que fais-tu ici ?

35 — Je plante des choux, dit-il.

— Et pourquoi et comment ? dis-je.

— Ah, messire, dit-il tout le monde ne peut pas avoir les couillons aussi pesants qu'un mortier[2], et nous ne pouvons pas tous être riches. Je gagne ainsi ma vie, et je vais les vendre 40 au marché qui est là derrière.

— Jésus, dis-je, il y a ici un nouveau monde ?

— Certes, dit-il, il n'est pas nouveau ; mais l'on dit bien que, hors d'ici, il y a une terre nouvelle où ils ont soleil et lune, et tout plein de bonnes choses ; mais celui-ci est plus 45 ancien.

— Oui, mais, dis-je, mon ami, quel nom porte cette ville où tu vas vendre tes choux ?

— Elle s'appelle Aspharage, dit-il, et les habitants sont des chrétiens, des gens de bien, qui vous feront un bon accueil. »

---

1. **Bardane** : plante qui pousse communément dans les décombres.
2. Manière pittoresque de dire, comme il est expliqué aussitôt après, que tout le monde ne peut pas être riche.

50 Bref, je décidai d'y aller. [...]

Mais à l'entrée les portiers me demandèrent mon certificat de santé, ce qui m'étonna fort, et je leur demandai :

« Messieurs, y a-t-il danger de peste ?

— Ô seigneur, dirent-ils, on meurt tant, près d'ici, que le
55 chariot des morts n'arrête pas de courir par les rues.

— Vrai Dieu, dis-je, et où ? »

À ces mots ils me dirent que c'était à Pharingue et Laryngues[1], qui sont deux villes aussi importantes que Rouen et Nantes, riches et bien commerçantes, et que la peste
60 avait été provoquée par une puante et infecte exhalaison naguère sortie des abîmes, et qui a fait mourir plus de deux millions deux cent soixante mille seize personnes depuis huit jours.

Alors, pensif, je calculai que c'était une puante haleine qui
65 était venue de l'estomac de Pantagruel, qui avait mangé tant d'aillade[2], comme nous l'avons dit plus haut. [...]

CHAPITRES 33-34

(Le narrateur, après être sorti de la bouche de Pantagruel, discute joyeusement avec son personnage, puis il conclut en promettant au lecteur de raconter prochainement la suite de ses aventures.)

---

1. **Pharingue et Laryngues :** noms formés sur « pharynx » et « larynx ».
2. **Aillade :** ragoût assaisonné à l'ail.

REPÈRES

1. Quel rôle joue Pantagruel dans le chapitre 25 ?
2. Au chapitre 32, le narrateur revient sur le devant de la scène. Depuis quand n'était-il plus apparu ?

OBSERVATION

3. La répartition des rôles dans le chapitre 25 vous paraît-elle compatible avec l'image qu'on se fait du héros ?
4. En quoi l'action de Panurge dans ce chapitre confirme-t-elle l'idée que le lecteur se fait du personnage ? Relevez, à ce propos, les éléments de similitude entre cet épisode et les mauvais tours joués par Panurge au chapitre 16.
5. Cherchez, dans le prologue, une phrase qui vous paraît constituer un écho à la formule du chapitre 32 : « moi, qui vous raconte ces histoires si véridiques… ». À deux reprises, le narrateur insiste sur la véracité de son récit. Qu'en concluez-vous ?
6. À quoi vous fait penser le « nouveau monde » évoqué par le narrateur lorsqu'il découvre l'intérieur de la bouche de son héros ?
7. Quelle est, dans le voyage de découverte du narrateur, la part de l'extraordinaire et celle de la banalité ? Quelle impression d'ensemble naît du rapprochement des deux ?

INTERPRÉTATIONS

8. À la lecture du chapitre 32, que peut-on dire du statut de Pantagruel ? Est-ce un « personnage », au sens habituel du mot ?

DE LA LECTURE À L'ÉCRITURE

9. L'idée du voyage dans un corps est fréquente dans la littérature, et on la retrouve notamment sous la plume des auteurs de littérature fantastique et de science-fiction. Imaginez, comme l'ont fait certains d'entre eux, que des hommes miniaturisés se promènent dans un cerveau et y découvrent les pensées et les sentiments de celui qu'ils « visitent ».

Géants ou hommes normaux

Pantagruel est issu de la race des géants, comme l'indique la généalogie pseudo-biblique du chapitre 1, et comme en témoignent nombre d'épisodes qui mettent en scène la puissance physique du personnage ou ses prodigieuses capacités d'ingestion. En ce sens, le point d'orgue de la « chronique gigantale » est atteint au cours des derniers chapitres, lorsque le narrateur visite la bouche de son héros, et que des médecins s'engouffrent dans son estomac pour lui administrer des pilules réparatrices. Cependant, on pourrait trouver un nombre aussi important d'épisodes où la taille du héros semble ramenée à la normale : lorsque Pantagruel se promène dans Paris aux côtés de Panurge ou qu'il débat en Sorbonne contre les théologiens, nulle mention n'est faite de sa taille extraordinaire. Ces variations sont telles que le récit n'échappe pas au soupçon d'incohérence : on voit mal, en effet, comment celui qui abrite une armée entière de la pluie en tirant la langue pourrait trouver place dans l'enceinte respectable de l'université de Paris !

Des variations cohérentes

Mais sans doute, comme l'ont souligné de nombreux critiques, ne faut-il pas appliquer au récit des critères de cohérence qui ne sont pas les siens. Mieux vaut considérer que le personnage de Pantagruel – comme d'ailleurs Gargantua et l'ensemble des protagonistes du cycle – échappe à toute détermination figée : tantôt géant, tantôt homme ordinaire. Cette variabilité n'est pas aussi arbitraire et capricieuse qu'elle pourrait le paraître. Elle est commandée par la nature des épreuves qui sont imposées au héros, et par le rôle qu'il y joue : tantôt Pantagruel avale gloutonnement une vache, détruit un ennemi malfaisant ou protège une armée, tantôt il apparaît démuni devant une prolifération de signes immaîtrisable (jargon de l'écolier limousin, multiples langues utilisées par Panurge, proposition faite par le savant anglais de débattre uniquement par gestes...). La force impressionnante, chez lui, se double d'étranges faiblesses et défaillances. En ce sens, le gigantisme est moins une caractéristique physique du héros qu'une dimension essentiellement mouvante de l'univers rabelaisien : il peut s'appliquer à un homme, et lui conférer à un moment donné des pouvoirs hors du commun, mais également à un programme d'éducation, à une liste de livres dans une bibliothèque, à une accumulation de mots incompréhensibles. Les « géants » ne le sont en définitive qu'à intermittences. Faut-il y voir une image emblématique de l'homme de la Renaissance, à la fois ivre d'un savoir conquérant et désarmé devant un monde foncièrement touffu et complexe ?

me il a esté. Lisez le septiesme de sa natu
relle histoire, capi.iij. q ne men tabustez
plus sentendement.

Comment le nom fut imposé a
Gargantua: et comment
il humoit le piot.
Chap. Vij.

E Bon hôme Grandgousier
beuuant, q se rigollant auec=
ques les aultres entendit le
cry horrible que son filz auoit
faict entrant en lumiere de ce monde,
quand il brasmoit demandant, a boyre,

Un repas de Grandgousier, *gravure sur bois pour l'édition de 1542.*
Paris, Bibliothèque nationale.

Gargantua

Prologue de l'auteur

(Dans le début du prologue, l'auteur met en garde son lecteur : il ne faut pas prendre seulement les aventures qui suivent comme un tissu de plaisanteries, mais « peser soigneusement » ce qui y est raconté.)

N'avez-vous jamais débouché une bouteille ? Nom d'un chien ! Rappelez-vous l'air que vous aviez ! Et avez-vous jamais vu un chien rencontrant un os à moelle ? C'est, comme le dit Platon au livre II de La République[1], *l'animal le plus philosophe au monde. Si vous en avez vu un, vous avez pu remarquer avec quelle dévotion il guette son os, avec quel soin il le garde, de quelle ferveur il l'entoure, avec quelles précautions il l'entame, avec quelle passion il le brise, avec quelle diligence il le suce. Qu'est-ce qui le pousse à agir ainsi ? Qu'espère-t-il de son travail ? À quel bien aspire-t-il ? Rien qu'un peu de moelle. Il est vrai que ce peu est bien plus délicieux que beaucoup d'autres choses, parce que la moelle est un aliment élaboré à force de perfection naturelle [...].*

À l'exemple de ce chien, il vous faut [...] rompre l'os et sucer la substantifique moelle [...].

---

1. *La République :* ouvrage consacré à la recherche du meilleur régime politique.

REPÈRES

1. À quoi le livre qui va suivre est-il successivement comparé par le narrateur ?

OBSERVATION

2. Comment l'image du chien est-elle développée ? En quoi est-elle inattendue ? Relevez, dans la description de l'animal, les termes (substantifs, verbes) qui peuvent être appliquées au lecteur.

3. Toute cette partie du prologue fait alterner questions et réponses. Quel est l'effet de ce procédé ?

4. Comment qualifieriez-vous le style de ce passage ? Qu'en concluez-vous sur le type de rapport que le narrateur entend établir avec son lecteur ?

INTERPRÉTATIONS

5. En utilisant l'image du chien et de l'os à moelle, Rabelais vous semble-t-il affirmer le caractère sérieux de son ouvrage ou, au contraire, se moquer de lui-même ?

6. Quel sens donnez-vous à l'expression « substantifique moelle » ?

7. Comparez ce prologue à celui de *Pantagruel*. L'intention générale vous semble-t-elle être la même ? Si ce n'est pas le cas, quelles sont, d'après vous, les différences les plus notables ?

DE LA LECTURE À L'ÉCRITURE

8. Sur le modèle du chien et de l'os à moelle, essayez de trouver, et de développer en quelques lignes, une image qui rende compte du plaisir que vous éprouvez à lire un livre ou à regarder un film.

CHAPITRES 1-6

(Fils du géant Grandgousier et de Gargamelle, Gargantua naît dans des conditions bien étranges : lors d'une fête où tout le monde boit plus que de raison et où se fait une grande consommation de tripes, il sort par l'oreille de sa mère.)

CHAPITRE 7

Comment le nom fut imposé à Gargantua et comment il humait le piot[1]

Tandis qu'il buvait et s'amusait avec les autres, le bonhomme Grandgousier entendit le cri horrible que son fils avait poussé en venant au monde, lorsqu'il avait crié pour demander : « À boire ! À boire ! » Ce qui lui fit dire : « Que
5 grand tu as ! » (sous-entendu : le gosier). En entendant ces mots, les assistants dirent que vraiment, pour cette raison, on devait lui donner le nom de Gargantua, selon la coutume des anciens Hébreux, puisque telle avait été la première parole de son père à sa naissance. Grandgousier y consentit, et le
10 nom plut tout à fait à sa femme. Pour apaiser l'enfant, on lui donna à boire à tire-larigot[2], puis il fut porté sur les fonts[3] et baptisé, selon la coutume des bons chrétiens.

Et dix-sept mille neuf cent treize vaches de Pontille et de Bréhémont furent réquisitionnées pour l'allaiter

---

1. C'est-à-dire : « comment il reniflait le vin ».
2. À tire-larigot : en quantité.
3. Fonts : bassin destiné à recevoir l'eau du baptême.

15 quotidiennement. Car il n'était pas possible de trouver, dans tout le pays, une nourrice qui pût suffire, étant donné la grande quantité de lait dont il avait besoin pour s'alimenter. [...]

C'est ainsi qu'il passa un an et dix mois ; après quoi, par
20 le conseil des médecins, on commença à le porter, et une belle charrette à bœufs fut construite par Jean Denyau. On le promena de-ci de-là joyeusement, et il faisait plaisir à voir, car il avait une belle figure et presque dix-huit mentons ; il ne criait que bien peu, mais il se conchiait[1] à toute heure,
25 car il était prodigieusement flegmatique[2] des fesses, tant par sa complexion[3] naturelle que par une disposition fortuite, qui lui était venue à force de trop boire de purée de septembre[4]. Et il n'en buvait jamais une goutte sans cause, car s'il arrivait qu'il fût dépité, courroucé, fâché ou chagrin,
30 s'il trépignait, s'il pleurait, s'il criait, il suffisait de lui apporter à boire pour l'apaiser, et aussitôt il demeurait tranquille et joyeux.

Une de ses gouvernantes m'a juré qu'il en avait tellement pris l'habitude qu'au seul son des bouteilles et des flacons il
35 entrait en extase, comme s'il avait goûté les joies du paradis. Si bien que pour le réjouir, [...] le matin, elles faisaient tinter les verres avec un couteau, ou les carafes avec leur bouchon, ou les pichets avec leur couvercle. À ce son, il s'égayait, tressaillait, se berçait lui-même en dodelinant de la tête,
40 pianotant des doigts et barytonnant du cul.

---

1. **Il se conchiait :** il faisait ses besoins sur lui.
2. **Flegmatique :** tempérament qui se caractérise par un certain « relâchement ».
3. **Complexion :** constitution.
4. **La purée de septembre :** le raisin qu'on écrase en septembre, c'est-à-dire le vin.

Repères

1. Si vous comparez les noms du père, du fils et de la mère, quelle similitude vous frappe aussitôt ? Pensez-vous que ce soit le fait du hasard ?

2. Quel est le point commun entre le père et le fils qui ressort de ce chapitre ?

3. Quel effet produit le vin sur le jeune Gargantua ?

Observation

4. Pensez-vous que l'exclamation de Grandgousier à la naissance de son fils soit véritablement à l'origine du nom « Gargantua » ?

5. Comparez ce chapitre au chapitre 4 de *Pantagruel*, consacré lui aussi à l'enfance du héros. Relevez les ressemblances et les différences principales. Avons-nous affaire, ici, à une simple variation sur une trame antérieure, ou bien ce chapitre apporte-t-il quelque chose de nouveau par rapport au récit précédent ?

6. Quels sont les éléments qui vous paraissent faire de Gargantua un enfant semblable aux autres enfants, et ceux qui le rendent différent ?

7. Relevez les précisions arithmétiques qui sont données à deux reprises dans ce chapitre. Quel effet produisent-elles ?

Interprétations

8. D'une manière générale, qu'est-ce qui vous paraît dominer dans ce chapitre : le gigantesque et le surnaturel, ou bien les éléments familiers ? Comment Rabelais combine-t-il les deux ?

De la lecture à l'écriture

9. Gargantua, en naissant, réclame autre chose que du vin (boisson, confiserie, sucrerie...) et s'en montre très friand. Réécrivez une partie de ce chapitre en effectuant la substitution de votre choix, et en imaginant les réactions du jeune géant.

CHAPITRES 8-13

(L'auteur décrit longuement les vêtements de Gargantua, puis évoque ses jeux enfantins. À l'occasion de l'invention d'un « torchecul » par l'enfant, Grandgousier s'extasie sur sa sagacité et décide de le confier à un lettré pour développer
5 pleinement ses capacités intellectuelles.)

CHAPITRE 14

Comment Gargantua fut éduqué en lettres latines par un sophiste[1]

[...] De fait, on lui recommanda un grand docteur sophiste nommé Maître Thubal Holoferne[2], qui lui apprit si bien son alphabet qu'il le récitait par cœur à l'envers, ce qui lui prit cinq ans et trois mois. Puis il lui lut *La Grammaire de Donat*,
5 le *Facet*, le *Théodolet* et les *Paraboles* d'Alain[3], ce qui lui prit treize ans, six moins et trois semaines. Notez que pendant le même temps, il lui apprit à écrire en caractères gothiques, et il copiait tous ses livres, car l'art de l'imprimerie n'était pas encore en usage.

---

1. **Sophistes** : dans l'Antiquité, ils étaient les adversaires de Platon, qui leur reprochait de travestir et de déformer la vérité à leur convenance.
2. Nom formé sur celui de deux personnages bibliques : Thubal, descendant de Caïn, et Holopherne, général de Nabuchodonosor tué par Judith.
3. Tous ces ouvrages sont des manuels de base destinés aux étudiants de la fin du Moyen Âge.

10   Et il portait ordinairement un gros écritoire pesant plus de
sept mille quintaux, dont le plumier était aussi gros et grand
que les piliers d'Ainay[1] ; et l'encrier qui y pendait, attaché à
des chaînes de fer, avait la capacité d'un tonneau. [...] Après
il eut un autre vieux tousseux, nommé Maître Jobelin Bridé,
15 qui lui lut Hugutio, le *Grécisme* d'Hébrard, le *Doctrinal*, les
Parties, le *Quid est*, le *Supplément*, *Comment se tenir à
table*[2], [...] et quelques autres de la même farine. À la lecture
de ces ouvrages il devint tellement sage que plus jamais nous
n'en enfournâmes de pareils[3].

CHAPITRE 15

Comment Gargantua fut confié
à d'autres pédagogues

Son père s'aperçut alors qu'il étudiait incontestablement
très bien et qu'il y employait tout son temps, mais que cela
ne lui faisait aucun profit ; pire, il en devenait fou, niais, tout
rêveur et radoteur.
5   Comme il s'en plaignait à Don Philippe des Marais, vice-
roi de Papeligosse[4], celui-ci lui dit qu'il vaudrait mieux ne
rien apprendre du tout que d'apprendre de tels livres avec de
tels précepteurs, car leur savoir n'était que stupidité et leur
sagesse pure vanité, abâtardissant les bons et nobles esprits
10 et corrompant toute fleur de jeunesse.
« Agissez plutôt ainsi, lui dit-il. Prenez un de ces jeunes
gens du temps présent qui aura étudié seulement deux ans.

---

1. **Piliers d'Ainay :** piliers de la coupole de Saint-Martin-d'Ainay, à Lyon.
2. Manuels scolaires que les humanistes condamnaient violemment.
3. Cette expression pittoresque est amenée par le mot « farine ».
4. **Papeligosse :** pays imaginaire.

Au cas où il n'aurait pas un meilleur jugement, de meilleures paroles, une meilleure conversation que votre fils, et une 15 meilleure tenue en société, considérez-moi comme un charcutier de la Brenne[1]. » Cela plut à Grandgousier, qui commanda qu'il fût fait ainsi.

Le soir, au souper, ledit des Marais introduisit un de ses jeunes pages originaire de Villegongis, nommé Eudémon[2], si 20 bien coiffé, si bien vêtu, si pomponné, si impeccable dans son maintien, qu'il ressemblait beaucoup plus à un petit angelot qu'à un homme. Puis il dit à Grandgousier :

« Voyez-vous ce jeune enfant ? Il n'a pas encore douze ans. Voyons, si bon vous semble, la différence qu'il y a entre 25 le savoir de vos docteurs ès-âneries et les jeunes gens d'aujourd'hui. »

La proposition plut à Grandgousier, qui ordonna au page d'entrer. Alors, Eudémon, demandant la permission du vice-roi son maître, se leva, le bonnet à la main, le visage ouvert, 30 la bouche vermeille, les yeux posés sur Gargantua avec une modestie juvénile. Il le loua, et exalta en premier lieu sa vertu et ses bonnes mœurs, en second lieu son savoir, en troisième lieu sa noblesse, en quatrième lieu sa beauté corporelle, et en dernier lieu il l'exhorta avec douceur à révérer en tous points 35 son père, qui s'évertuait à lui donner une bonne éducation. Enfin, il le pria de le garder comme le dernier de ses serviteurs, car pour l'instant, il ne demandait aucun autre présent des cieux [...]. Il déclara tout cela avec des gestes si corrects, une élocution si nette, une voix si pleine 40 d'éloquence, un langage si fleuri et un si bon latin, qu'il ressemblait plus à un Gracchus, un Cicéron ou un Émilius[3] du temps passé qu'à un jouvenceau du temps présent.

En revanche, toute la contenance de Gargantua fut qu'il se

---

1. **Brenne :** région située entre l'Indre et la Creuse.
2. **Eudémon :** nom formé sur le grec, qui signifie « bien doué ».
3. **Tiberius Gracchus :** tribun romain du IIᵉ siècle av. J.-C., et **Paul Émile**, général romain du même siècle.

mit à pleurer comme une vache et à se cacher le visage de
45 son bonnet, et il ne fut pas plus possible de lui arracher une
parole qu'un pet à un âne mort.

Son père en fut tellement irrité qu'il voulut occire Maître
Jobelin. Mais ledit des Marais l'en empêcha par une belle
exhortation, de sorte que sa colère en fut apaisée. [...]

REPÈRES

1. Quel est, à la lecture de ces deux chapitres, l'effet que produit sur Gargantua l'éducation prodiguée par son père ? Relevez, au début et à la fin du chapitre 15, les mots qui vous semblent les plus caractéristiques à cet égard.

OBSERVATION

2. Que faut-il penser des indications numériques – temps et poids – qui sont données au chapitre 14 ? Pouvez-vous les rapprocher d'autres indications analogues contenues dans le chapitre 7 ?

3. Comment interprétez-vous l'adjectif « sage » dans la dernière phrase de ce chapitre ?

4. Grandgousier, au début du chapitre 15, est parfaitement capable de constater l'échec des méthodes pédagogiques employées jusqu'ici. Pourquoi, néanmoins, a-t-il besoin de quelqu'un d'autre pour sortir de l'impasse ? Quelle image du père de Gargantua s'impose finalement dans ces deux chapitres ?

5. Qu'est-ce qui, dans le personnage d'Eudémon, est mis en valeur par Rabelais ? En quoi les indications qui scandent son discours (« en premier lieu », « en second lieu »… « enfin ») vous paraissent-elles importantes ?

6. À qui Eudémon est-il comparé ? Et Gargantua ? Que concluez-vous du rapprochement de ces comparaisons ?

INTERPRÉTATIONS

7. D'une manière générale, comment qualifieriez-vous le type d'éducation donnée par Thubal Holoferne et Jobelin Bridé ?

8. Bien que l'épisode d'Eudémon appartienne au genre narratif, ne vous semble-t-il pas qu'on pourrait facilement le transposer dans un autre genre ?

DE LA LECTURE À L'ÉCRITURE

9. Gargantua, au lieu de pleurer et de se cacher le visage, se moque d'Eudémon et de ses belles manières. Imaginez la scène en un bref récit.

CHAPITRES 16-20

(Envoyé à Paris avec Eudémon, et sous la tutelle d'un nouveau précepteur nommé Ponocrates, Gargantua fait sensation dans la capitale : il commence par uriner sur les Parisiens, en noyant « deux cent soixante mille quatre cent
5 dix-huit, sans compter les femmes et les petits enfants », puis emporte les cloches de Notre-Dame dont il se sert comme d'une paire de clochettes. Après avoir restitué celles-ci à la demande générale, il peut commencer sa nouvelle vie d'étudiant.)

CHAPITRE 21

L'étude de Gargantua selon les règles
de ses précepteurs sophistes

[...] Il souhaitait de tout son cœur étudier selon la volonté de Ponocrates ; mais celui-ci, pour commencer, lui ordonna de faire selon sa manière ordinaire, afin de savoir par quel moyen, et en un temps si long, ses anciens précepteurs avaient
5 pu le rendre si sot, niais et ignorant.

Il employait donc son temps de telle sorte qu'habituellement il s'éveillait entre huit et neuf heures, qu'il fasse jour ou non ; ainsi l'avaient ordonné ses anciens maîtres, alléguant les mots de David : *Quelle vanité de vous*
10 *lever avant le jour*[1].

---

1. Phrase tirée d'un psaume.

Puis il gambadait, sautillait, se prélassait un moment sur le lit pour mieux ragaillardir ses esprits animaux[1] ; et il s'habillait selon la saison, mais portait volontiers une grande et longue robe de laine frisée, fourrée de renard ; ensuite il
15 se peignait du peigne d'Almain[2], c'est-à-dire avec les quatre doigts et le pouce, car ses précepteurs disaient que se peigner, se laver et se nettoyer d'une autre manière revenait à perdre son temps en ce monde.

Puis il fientait, pissait, se raclait la gorge, rotait, pétait,
20 bâillait, crachait, toussait, sanglotait, éternuait, et se mouchait comme un archidiacre[3] ; pour abattre la rosée et le mauvais air, il déjeunait de belles tripes frites, de belles grillades, de beaux jambons, de belles pièces de chevreau et de forces tartines matinales.

25 Ponocrates lui faisait remarquer qu'il n'aurait pas dû manger autant au sortir du lit sans avoir fait quelque exercice. Gargantua lui répondait : « Quoi ? n'ai-je pas fait suffisamment d'exercice ? Je me suis tourné six ou sept fois dans le lit avant de me lever. N'est-ce pas assez ? Ainsi faisait
30 le pape Alexandre, sur les conseils de son médecin juif, et il vécut jusqu'à sa mort en dépit des envieux. Mes premiers maîtres m'ont donné cette habitude, disant que le déjeuner donnait bonne mémoire : aussi étaient-ils les premiers à boire. Je m'en trouve fort bien et n'en dîne que mieux. Et maître
35 Thubal, qui fut le premier de sa licence à Paris, me disait qu'il valait mieux partir de bonne heure plutôt que courir bien vite. Aussi, la bonne santé de notre humanité ne consiste pas à boire des tas, des tas et des tas, comme des canes, mais à boire de bon matin, d'où le proverbe :

40 *Lever matin n'est pas bonheur ;*
Boire matin, c'est bien meilleur. »

---

1. **Esprits animaux** : éléments subtils qui, selon la médecine de l'époque, maintiennent l'énergie vitale du corps.
2. Jeu de mots sur le nom de Jacques Almain, théologien du XVᵉ siècle.
3. **Archidiacre** : dignitaire ecclésiastique.

Après avoir copieusement déjeuné, il allait à l'église, et on
lui apportait dans un grand panier un gros bréviaire[1]
emmitouflé, pesant à peu près, tant en graisse qu'en fermoirs
45 et parchemins, onze quintaux et six livres. Là, il entendait
vingt-six ou trente messes. À ce moment venait son diseur
d'heures en titre, enveloppé comme une huppe, et ayant très
bien immunisé son haleine à force de sirop vignolat[2] ; avec
lui, il marmonnait toutes ces kyrielles[3], et il les épluchait si
50 soigneusement qu'il n'en tombait pas un grain par terre.

Au sortir de l'église, on lui apportait sur un char à bœufs
un tas de chapelets de Saint-Claude, dont chaque grain était
aussi gros que le moule d'un bonnet ; et, en se promenant à
travers les cloîtres, les galeries et le jardin, il en récitait plus
55 que seize ermites.

Puis il étudiait pendant une méchante demi-heure, les yeux
rivés sur son livre ; mais, comme dit le Comique[4], son esprit
était à la cuisine.

Pissant donc un plein urinoir, il s'asseyait à table, et, parce
60 qu'il était d'une nature flegmatique, il commençait son repas
par quelques douzaines de jambons, de langues de bœuf
fumées, de boutargues[5], d'andouilles, et d'autres avant-
coureurs de vins.

Pendant ce temps, quatre de ses gens lui jetaient dans la
65 bouche, l'un après l'autre, sans interruption, de la moutarde
à pleines pelletées. Puis il buvait un énorme coup de vin blanc
pour se soulager les rognons[6]. Ensuite, il mangeait, selon la
saison, des plats à la mesure de son appétit et cessait de
manger quand le ventre lui tirait.

70 En matière de boisson, il ne connaissait ni fin ni règles, car

---

1. **Bréviaire :** livre renfermant les formules de prières.
2. **Sirop vignolat :** de sirop de vigne, c'est-à-dire de vin.
3. **Kyrielles :** longues suites de prières.
4. **Le Comique :** l'auteur comique latin Térence.
5. **Boutargue :** sorte de caviar.
6. **Les rognons :** les reins. *= Kidneys*

il disait que les limites se font sentir lorsque le liège des pantoufles du buveur enfle d'un demi-pied en hauteur.

CHAPITRE 22

(Suit une longue énumération des jeux de Gargantua.)

CHAPITRE 23

Comment Gargantua fut éduqué par Ponocrates selon une méthode telle qu'il ne perdait pas une heure de la journée

Quand Ponocrates vit la manière de vivre néfaste de Gargantua, il décida de lui inculquer autrement les lettres, mais pour les premiers jours il fut tolérant, considérant que la Nature ne supporte pas de changements soudains sans grande violence.

Pour mieux entamer sa tâche, il pria un docte médecin de ce temps-là, nommé Maître Théodore, de considérer s'il était possible de remettre Gargantua dans le droit chemin. Celui-là le purgea en règle avec de l'ellébore d'Anticyre[1], et grâce à ce médicament, il lui nettoya le cerveau de toute altération et habitude perverse. Par ce moyen, Ponocrates lui fit également oublier tout ce qu'il avait appris avec ses anciens précepteurs, comme faisait Timothée[2] avec ses disciples qui avaient été formés par d'autres musiciens.

1. **Ellébore d'Anticyre :** remède qu'on utilisait pour guérir la folie.
2. **Timothée :** poète grec du IIe siècle av. J.-C.

CHAPITRE 23

15   Pour faire mieux encore, il l'introduisit dans les cercles de
gens lettrés qui se trouvaient là ; par émulation, son esprit se
développa, ainsi que le désir d'étudier selon d'autres
méthodes et de se mettre en valeur.

Ensuite, il le soumit à un tel rythme d'étude qu'il ne perdait
20 pas une heure de la journée : il consacra désormais tout son
temps aux lettres et à la noblesse du savoir.

Gargantua s'éveillait donc vers quatre heures du matin.
Pendant qu'on le frictionnait, on lui lisait une page des saintes
Écritures, à haute et intelligible voix, avec la prononciation
25 requise. Cette tâche était dévolue à un jeune page, natif de
Basché, nommé Anagnostes[1]. Selon le thème du passage,
souvent il se mettait à révérer, adorer, prier et supplier le bon
Dieu, dont la majesté et les jugements merveilleux étaient
manifestés par la lecture.

30   Puis il allait aux lieux secrets faire excrétion des digestions
naturelles. Là, son précepteur lui répétait ce qu'on avait lu,
lui expliquant les passages les plus obscurs et les plus
difficiles.

En revenant, ils considéraient l'état du ciel, et regardaient
35 s'il était comme la veille au soir, et dans quels signes entrait
le soleil, ainsi que la lune, ce jour-là.

Cela fait, il était habillé, peigné, coiffé, apprêté et parfumé,
et pendant ce temps-là on lui répétait les leçons de la veille.
Lui-même les récitait par cœur et y appliquait des exemples
40 pratiques concernant la vie humaine ; on s'entretenait parfois
pendant deux ou trois heures, mais d'ordinaire on cessait
quand il était complètement habillé.

Ensuite, pendant trois bonnes heures, on lui faisait la
lecture. Après quoi, ils sortaient, discutant toujours du sujet
45 de la lecture, et ils allaient faire du sport au Grand Braque[2]
ou dans les prés ; ils jouaient à la balle, à la paume, à la pile

---

1. **Anagnostes :** nom calqué sur le grec, qui signifie « lecteur ».
2. **Grand Braque :** jeu de paume parisien.

en triangle[1], s'exerçant aussi élégamment le corps qu'ils
l'avaient fait pour l'âme auparavant.

Tous leurs jeux étaient libres, car ils abandonnaient la
50 partie quand bon leur semblait et, en général, s'arrêtaient
quand la sueur leur coulait sur le corps ou qu'ils étaient
fatigués. Alors ils étaient très bien essuyés et frottés, ils
changeaient de chemise et, se promenant doucement, allaient
voir si le repas était prêt. Là, en attendant, ils récitaient à
55 voix claire et éloquente quelques formules retenues de la
leçon. [...]

---

1. **Pile en triangle** : jeu de balle à trois joueurs.

Repères

1. Comment qualifieriez-vous le rapport qui s'établit entre ces deux chapitres ?

2. Quelle dimension domine le chapitre 21 ?

Observation

3. Pourquoi Ponocrates laisse-t-il, dans un premier temps, Gargantua agir à sa guise ? Cette manière de faire vous paraît-elle surprenante ? Que laisse-t-elle présager de sa méthode ?

4. Que pensez-vous des proverbes allégués à deux reprises par Gargantua pour justifier sa façon de vivre ?

5. Quelle conception de la religion est critiquée dans le chapitre 21 ? Que pensez-vous, à cet égard, des indications numériques (nombre de messes, poids du bréviaire) ?

6. Quelle vous paraît être la différence fondamentale entre la méthode pédagogique de Ponocrates et celle des précepteurs antérieurs ?

7. Dans l'éducation de Ponocrates, l'écrit joue un rôle important. Les méthodes sont cependant antagonistes : montrez en quoi l'approche de Ponocrates est radicalement en rupture avec celle de ses prédécesseurs.

Interprétations

8. Quel rapport Rabelais établit-il, dans ces deux chapitres, entre habitudes culinaires et facultés intellectuelles ?

9. D'une manière générale, le nouveau programme d'éducation vous paraît-il équilibré ? Quelle y est, par exemple, la part de la contrainte et celle de la liberté ? La part des exercices intellectuels et celle des exercices physiques ?

De la lecture à l'écriture

10. Gargantua trouve son nouvel emploi du temps un peu contraignant, et souhaiterait que Ponocrates l'assouplisse un peu. Imaginez sa demande.

CHAPITRES 24-25

(Après avoir décrit très précisément le nouvel emploi du temps de Gargantua, Rabelais rapporte la querelle qui éclate au même moment entre les bergers de Grandgousier et les fouaciers – vendeurs de pains briochés – de Lerné, sujets du
5 roi Picrochole.)

CHAPITRE 26

Comment les habitants de Lerné, sur ordre de leur roi Picrochole,
attaquèrent par surprise les bergers de Gargantua

Les fouaciers, une fois rentrés à Lerné, sans prendre le temps de boire ni de manger, se rendirent au Capitole[1], et là, devant leur roi nommé Picrochole[2], troisième de ce nom, exposèrent leur plainte, montrant leurs paniers brisés, leurs
5 bonnets froissés, leurs vêtements déchirés, leurs fouaces volées, et surtout Marquet grièvement blessé. Ils dirent que tout cela avait été fait par les bergers et les métayers de Grandgousier, près du grand carrefour, de l'autre côté de Seuillé.
10 Aussitôt Picrochole entra dans une folle colère, et, sans davantage s'interroger sur le pourquoi ni le comment, fit crier

---

1. **Capitole** : centre du pouvoir, en référence à la Rome antique.
2. **Picrochole** : nom symbolique qui signifie « le bilieux ».

par son pays ban et arrière-ban[1], ordonnant que chacun, sous peine de la corde, se trouve en armes à midi sur la grande place du château.

15 Pour confirmer son entreprise, il envoya sonner le tambour aux alentours de la ville. Lui-même, pendant qu'on préparait son dîner, alla faire affûter son artillerie, déployer son enseigne et son oriflamme, et charger un grand nombre de munitions, armements et victuailles.

20 En mangeant, il attribua les postes de commandement : sur sa décision, le seigneur Trepelu[2] fut nommé à l'avant-garde, qui comptait seize mille quatorze arquebusiers, ainsi que trente cinq mille onze miliciens.

À la tête de l'artillerie fut placé le grand écuyer
25 Touquedillon[3]. Il y avait neuf cent quatorze grosses pièces de bronze : canons, doubles canons, basilics, serpentines, couleuvrines, bombardes, faucons, mortiers, spiroles et autres pièces[4]. L'arrière-garde fut confiée au duc Racquedenare. Dans le gros de l'armée se trouvaient le roi et les princes du
30 royaume.

Sommairement équipés de la sorte, ils envoyèrent, avant de se mettre en marche, trois cents chevau-légers sous la conduite du capitaine Engoulevent, afin de repérer le terrain et voir si aucune embuscade ne leur était tendue. Après avoir
35 soigneusement cherché, ils trouvèrent toute la région alentour paisible et silencieuse, sans aucun rassemblement. [...]

Alors, sans ordre ni règle, ils se mirent pêle-mêle en campagne, gâchant et détruisant tout sur leur passage, sans épargner ni riche ni pauvre, ni lieu sacré ni profane. [...] Ils
40 causaient un désordre indescriptible, et ne trouvèrent personne pour leur résister ; tous se rendaient à leur merci,

---

1. C'est-à-dire qu'il convoque tous les hommes en état de combattre.
2. **Trepelu** : « le miteux ».
3. **Touquedillon** : « Attaque de loin », c'est-à-dire fanfaron.
4. **Canons, [...] spiroles** : tous ces termes désignent des types de pièces d'artillerie alors en usage dans les armées.

les suppliant de les traiter plus humainement, en considération du fait qu'ils avaient toujours été de bons et d'agréables voisins, et que jamais ils n'avaient commis
45 d'excès ni d'outrage pour être ainsi malmenés. Dieu, disaient-ils, les punirait bientôt. À ces supplications, les troupes de Picrochole ne répondaient rien, sinon qu'ils voulaient leur apprendre à manger de la fouace.

CHAPITRE 27

Comment un moine de Seuillé sauva le clos de l'abbaye du sac des ennemis

Ils commirent tant de pillages et de destructions qu'ils arrivèrent à Seuillé, où ils détroussèrent hommes et femmes et prirent tout ce qu'ils purent. [...] Le bourg ainsi pillé, ils se dirigèrent vers l'abbaye dans un horrible tumulte, mais ils
5 la trouvèrent bien fermée et verrouillée ; alors, le gros de l'armée passa outre en direction du gué de Vède, à l'exception de sept compagnies de gens de pied et de deux cent lances, qui restèrent là pour rompre les murailles du clos et gâcher toute la vendange.
10 Les pauvres diables de moines ne savaient auquel de leurs saints se vouer. À tout hasard, ils firent sonner *ad capitulum capitulantes*[1]. Et ils décrétèrent qu'ils feraient une belle procession, à grand renfort de beaux psaumes et de litanies *contra hostium insidias*[2], avec de beaux répons *pro pace*[3].
15 Il y avait alors à l'abbaye un moine cloîtré nommé frère

---

1. *Ad capitulum capitulantes :* appel des moines à la réunion.
2. *Contra hostium insidias :* « Contre les embuscades des ennemis. »
3. *Pro pace :* « Pour la paix. »

Jean des Entommeures, jeune, fier, pimpant, joyeux, adroit, hardi, courageux résolu, haut, maigre, bien fendu de gueule, avec un nez avantageux, beau dépêcheur d'heures, beau débrideur de messes, beau décrotteur de vigiles[1], et pour tout
20 dire en un mot, vrai moine s'il en fut, depuis que le monde moinant moina de moinerie ; par ailleurs clerc jusqu'aux dents en matière de bréviaire.

En entendant le bruit que faisaient les ennemis dans le clos de leur vigne, il sortit pour voir ce qui se passait. Voyant
25 qu'ils vendangeaient le clos dont dépendait tout leur vin de l'année, il retourne dans le chœur où se trouvaient les autres moines, occupés à chanter : *Ini, ni, pe, ne, ne, ne, ne, ne, ne, tum, ne, num, num, ini, i, mi, i, mi, co, o, ne, no, o, o, ne, no, ne, no, no, no, rum, ne, num, num*[2]. « C'est, dit-il, bien
30 chien chanté ! Vertu Dieu, que ne chantez-vous :
Adieu paniers, les vendanges sont faites ?
Je me donne au diable s'ils ne sont pas dans notre clos à couper ceps et raisins, si bien que par le corps Dieu, il n'y aura rien à grappiller pendant quatre ans. Ventre Saint-
35 Jacques, que boirons-nous pendant ce temps-là, nous autres pauvres diables ? Seigneur Dieu, donnez-nous à boire ! » [...]

Ce disant, il mit bas son grand habit et se saisit du bâton de la croix, qui était en cœur de cormier[3], long comme une lance, remplissant bien la main et semé de quelques fleurs de
40 lys presque effacées. Il sortit ainsi, dans sa belle casaque, mit son froc en écharpe et, avec son bâton de croix, il frappa brutalement les ennemis qui, sans ordre, sans enseigne, sans tambour, sans trompette, vendangeaient à travers le clos : en effet, les porte-drapeau et les porte-enseigne avaient laissé
45 drapeaux et enseignes le long des murs, les tambours avaient

---

1. **Beau décrotteur de vigiles :** cette expression, ainsi que la précédente, signifie qu'il expédie rapidement les offices et les prières.
2. *Impetum inimicorum ne timueritis :* « Ne craignez pas l'attaque de l'ennemi. »
3. **Cormier :** variété de sorbier.

défoncé leurs caisses d'un côté pour les emplir de raisins, les trompettes étaient chargées de pampres, et chacun s'en donnait à cœur joie. Frère Jean cogna donc si brutalement sur eux, sans crier gare, qu'il les renversa comme des porcs,
50 frappant à tort et à travers, tel un ancien escrimeur[1].

Aux uns, il écrabouillait la cervelle, à d'autres, il brisait bras et jambes, à d'autres il démettait les vertèbres du cou, à d'autres, il disloquait les reins, cassait le nez, pochait les yeux, fendait les mâchoires, enfonçait les dents dans la gueule,
55 défonçait les omoplates, meurtrissait les jambes, déboîtait les fémurs, émiettait les os des membres.

Si quelqu'un voulait se cacher au plus épais des ceps, il lui froissait toute l'arête du dos et lui brisait les reins comme à un chien.
60 Si un autre voulait se sauver en fuyant, il lui faisait voler la tête en morceaux [...].

Si un autre montait à un arbre, croyant y être en sûreté, avec son bâton il l'empalait par le fondement.

Si une de ses vieilles connaissances lui criait :
65 « Ah, frère Jean, mon ami, frère Jean, je me rends !

— Tu y es bien obligé, disait-il. Mais en même temps, tu rendras ton âme à tous les diables ! »

Et aussitôt, il lui donnait une volée de coups. [...]

---

1. **Tel un ancien escrimeur** : c'est-à-dire sans les raffinements introduits par l'escrime à l'italienne.

REPÈRES

1. La décision de Picrochole est-elle raisonnée ?
2. Quelle est la nature de l'opposition entre frère Jean et les autres moines ?

OBSERVATION

3. Comment interprétez-vous la phrase du chapitre 27 : « Aussitôt il entra dans une folle colère » ? Quelle indication nous livre-t-elle d'emblée sur le personnage de Picrochole ?
4. Relevez les éléments qui caractérisent l'armée de Picrochole. En quoi vous paraît-elle prolonger et refléter le comportement de son roi ?
5. Peut-on qualifier de « guerre » les agissements décrits dans le dernier paragraphe ? Quels termes vous sembleraient plus adéquats ?
6. En quoi l'attitude des moines, au chapitre 27, vous paraît-elle totalement inadaptée à la situation ?
7. Pourquoi Rabelais fait-il combattre frère Jean avec un bâton de croix ?
8. Quel effet est produit, dans la description du combat : a) par les énumérations (« il écrabouillait... », « il cassait... ») ; b) par les répétitions de termes (« Si... », « Si... ») ?
9. Comparez la fin du chapitre 26 et les derniers paragraphes du chapitre 27. Qu'est-ce qui ressort de cette comparaison ? Quel tour vous paraît prendre la guerre à ce moment du récit ?

INTERPRÉTATIONS

10. D'après vous, pourquoi frère Jean ne fait-il pas preuve de la charité qu'on pourrait attendre d'un religieux ? Quelle image vous faites-vous du personnage au terme du chapitre 27 ?

DE LA LECTURE À L'ÉCRITURE

11. Après le massacre des troupes picrocholines, le prieur du monastère reproche à frère Jean sa cruauté. Imaginez la réponse du moine.

CHAPITRES 28-32

(Grandgousier tente de ramener Picrochole sur la voie de
la raison en lui rendant les fouaces. Ses tentatives s'avérant
vaines, il demande à Gargantua de rentrer de Paris pour lui
prêter main-forte.)

CHAPITRE 33

Comment certains gouverneurs de Picrochole, par précipitation, le mirent au dernier péril

Les fouaces reprises, le duc de Menuaille, le comte
Spadassin et le capitaine Merdaille comparurent devant
Picrochole et lui dirent :

« Sire, aujourd'hui nous faisons de vous le prince le plus
5 valeureux et le plus chevaleresque qui ait jamais été depuis
la mort d'Alexandre de Macédoine[1].

— Couvrez-vous, couvrez-vous, dit Picrochole.

— Grand merci, Sire, dirent-ils, nous sommes vos fidèles
sujets. Voici ce que nous proposons :

10 « Vous laisserez ici quelque capitaine en garnison avec une
petite troupe de gens pour garder la place qui nous semble
assez forte, tant par nature que par les remparts dus à votre
ingéniosité. Vous séparerez votre armée en deux. Une partie
ira se ruer sur ce Grandgousier et ses gens, et au premier
15 assaut, elle le mettra facilement en déroute. Là, vous

---

1. **Alexandre de Macédoine :** Alexandre le Grand.

récupérerez de l'argent en masse, car le vilain[1] n'est pas pauvre. Nous disons « vilain » parce qu'un prince noble n'a jamais un sou. Thésauriser, c'est bon pour un vilain.

« L'autre partie, pendant ce temps, se dirigera vers l'Aunis,
20 la Saintonge, l'Angoumois et la Gascogne [...]. Sans rencontrer aucune résistance, ils prendront villes, châteaux et forteresses. À Bayonne, à Saint-Jean-de-Luz et à Fontarabie, vous vous emparerez de tous les navires et, longeant la Galice et le Portugal, vous pillerez toutes les régions maritimes
25 jusqu'à Lisbonne, où vous aurez en renfort tout l'équipage dont un conquérant a besoin. Cordieu ! L'Espagne se rendra, car ce ne sont que des rustres. Vous passerez par le détroit de Séville, et dresserez là deux colonnes plus magnifiques que celle d'Hercule pour perpétuer le souvenir de votre nom. Ce
30 détroit sera nommé mer picrocholine. Passée la mer picrocholine, voici Barberousse[2], qui devient votre esclave...

— Je lui ferai grâce, dit Picrochole.

— Certes, dirent-ils, à condition qu'il se fasse baptiser. Alors vous attaquerez les royaumes de Tunis, de Bizerte,
35 d'Alger, de Cyrène et toute la Barbarie, hardiment. En continuant vous vous emparerez de Majorque, de Minorque, de la Sardaigne, de la Corse [...]. En longeant la côte à main gauche, vous soumettrez toute la Gaule narbonnaise, la Provence et le pays des Allobroges, Gênes, Florence, Lucques,
40 et c'en sera fait de Rome ! Le pauvre Monsieur du Pape meurt déjà de peur.

— Par ma foi, dit Picrochole, je ne baiserai pas sa pantoufle[3].

(Les conseillers de Picrochole évoquent alors les conquêtes

---

1. **Vilain :** le mot est pris au sens du Moyen Âge : « homme qui n'appartient pas à la noblesse ».
2. Le pacha **Barberousse**, qui venait de fonder le port d'Alger.
3. **Je ne baiserai pas sa pantoufle :** je ne lui témoignerai pas les signes de respect dus à sa personne.

La fureur guerrière de Picrochole, *par Gustave Doré.*
Paris, Bibliothèque nationale.

45 successives de l'Italie, des îles méditerranéennes, de l'Asie Mineure et de l'Arabie.)

— Par ma foi, dit-il, nous sommes mal en point ! Ah ! Pauvres gens que nous sommes !

— Qu'y a-t-il ? demandèrent les autres.

50 — Que boirons-nous dans ces déserts ? L'empereur Julien[1] et toute son armée y sont morts de soif, à ce qu'on raconte.

— Nous avons déjà donné ordre à tout, répondirent-ils. Vous avez neuf mille quatorze grands navires chargés des 55 meilleurs vins du monde, dans la mer Syriaque. Ils sont arrivés à Jaffa. [...] Ne vous fournirent-ils pas du vin en quantité suffisante ?

— Certes ! dit-il. Mais nous ne bûmes point frais.

— Vertu non d'un petit poisson ! dirent-ils. Un preux, un 60 conquérant, un prétendant à l'empire universel ne peut pas toujours avoir ses aises ! Remerciez Dieu d'être arrivés sains et saufs, vous et vos gens, jusqu'au Tigre[2] ! »

[...]

Il y avait là un vieux gentilhomme, vrai routier de guerre 65 passé par de nombreuses aventures, nommé Échéphron[3]. En entendant ces propos, il dit :

« J'ai bien peur que toute cette entreprise ne soit semblable à la farce du pot au lait, dont un cordonnier s'enrichissait en rêve. Lorsque le pot fut cassé, il n'eut pas de quoi dîner. 70 Qu'attendez-vous de ces belles conquêtes ? Quelle sera la fin de tant de travaux et d'épreuves ?

— Ce sera, dit Picrochole, que nous pourrons nous reposer à notre aise quand nous serons rentrés. »

Échéphron dit alors :

75 « Et si par hasard vous n'en reveniez jamais ? Le voyage

---

1. **L'empereur Julien** l'Apostat (IVᵉ siècle de notre ère).
2. **Tigre** : fleuve d'Asie occidentale.
3. **Échéphron** : transcription d'un nom grec signifiant « le prudent ».

est long et périlleux : ne vaudrait-il pas nous reposer dès maintenant, sans nous jeter dans ces périls ?

— Oh, dit Spadassin, voilà un beau rêveur ! Allons nous réfugier au coin de la cheminée, et passons notre temps avec
80 les femmes à enfiler des perles [...] ! Qui ne risque rien n'a ni cheval ni mule, c'est Salomon qui l'a dit.

— Qui se risque trop, répondit Échéphron, perd cheval et mule ; c'est Marcoul[1] qui l'a dit. [...]

— Sus ! Sus ! dit Picrochole, qu'on mette tout en train, et
85 qui m'aime me suive ! »

---

1. **Marcoul** : allusion à une œuvre médiévale, les *Dialogues de Salomon et de Marcoul.*

REPÈRES

1. Quel est le rôle des conseillers de Picrochole dans ce chapitre ?
2. En quoi le comportement de ce dernier confirme-t-il ce qu'on savait déjà du personnage ? Son discours et ses projets ne vous font-ils pas penser à une expression courante ?

OBSERVATION

3. Relevez les différents temps utilisés dans les discours de Picrochole et de ses conseillers. À quel moment une rupture se produit-elle ? Dans quelle mesure ce passage brusque d'un temps à l'autre vous paraît-il significatif ?
4. Comment jugez-vous les objections de Picrochole à certains des projets de ses conseillers ? Comment ceux-ci y font-ils face ?
5. Quels sont les arguments d'Échéphron ? Ne vous semble-t-il pas qu'on pourrait opposer de tout autres arguments aux projets de conquête de Picrochole et de ses conseillers ?

INTERPRÉTATIONS

6. D'une manière générale, quel ressort psychologique est à l'œuvre dans cet épisode ? Comparez ce chapitre à la « farce du pot au lait », dont La Fontaine tirera une fable au siècle suivant. Quels sont, d'après vous, les ressemblances et les différences principales entre les deux récits ?
7. Essayez de trouver, dans le vocabulaire de la politique internationale, le mot qui s'applique le mieux aux ambitions de Picrochole et de ses conseillers ? Quels ont été, au xxᵉ siècle, les chefs d'État qui ont manifesté de semblables ambitions ?

DE LA LECTURE À L'ÉCRITURE

8. On a souvent comparé ce chapitre à une scène théâtrale, et il a d'ailleurs tenté plus d'un metteur en scène. Imaginez que vous ayez à disposer les personnages sur une scène : comment vous y prendriez-vous, et comment régleriez-vous les évolutions des uns et des autres ?

CHAPITRES 34-49

(Aidé de frère Jean, Gargantua parvient à défaire les troupes de Picrochole. Il adresse aux vaincus une longue harangue dans laquelle il dénonce les guerres de conquête, et récompense chacun de ses compagnons.)

CHAPITRE 50

La harangue que fit Gargantua
aux vaincus

Du plus loin qu'on se souvienne, nos pères, nos aïeux et nos ancêtres ont estimé, dans leur bon sens, qu'il valait mieux perpétuer le souvenir de leurs victoires en érigeant des trophées et des monuments dans les cœurs des vaincus, en
5 leur accordant la grâce, plutôt qu'en faisant œuvre d'architecture ; car ils attachaient davantage d'importance à la vive reconnaissance des hommes, acquise par la générosité, qu'aux inscriptions muettes des arcs, colonnes et pyramides, soumises aux intempéries et à la malveillance de tous. [...]
10 Ne voulant donc en aucun cas manquer à la générosité héréditaire de mes parents, je vous pardonne et vous délivre aujourd'hui, et vous laisse aller comme auparavant. De plus, en franchissant les portes, vous serez payés pour trois mois, afin que vous puissiez retourner dans vos foyers et vos
15 familles. Six cents hommes d'armes et huit mille fantassins vous conduiront, sous le commandement de mon écuyer

Alexandre, afin que vous ne soyez pas malmenés par les paysans. Que Dieu soit avec vous !

20 Je regrette de tout mon cœur que Picrochole ne soit pas ici, car je lui aurais fait comprendre que cette guerre s'est faite contre ma volonté, et sans espoir d'accroître mes biens ou ma renommée. Mais puisqu'il a disparu, je veux que son royaume revienne tout entier à son fils. Étant donné que celui-ci est encore trop jeune (il n'a pas atteint cinq ans), il 25 sera dirigé et éduqué par les anciens princes et les gens savants du royaume. Et puisqu'un royaume ainsi désolé irait facilement à la ruine, si l'on ne réfrénait la convoitise et la cupidité de ses administrateurs, j'ordonne et je veux que Ponocrates ait la haute main sur les gouverneurs, avec 30 l'autorité requise, et qu'il veille sur l'enfant jusqu'à ce qu'il le juge capable de régner par lui-même. [...]

CHAPITRE 51

(Gargantua se montre généreux envers tous ceux qui ont pris part à la victoire.)

CHAPITRE 52

Comment Gargantua fit bâtir pour le moine l'abbaye de Thélème

Il ne restait plus qu'à doter le moine : Gargantua voulait le faire abbé de Seuillé, mais il refusa. Il voulut lui donner l'abbaye de Bourgueil ou de Saint-Florent, celle qui lui conviendrait le mieux ou toutes les deux s'il le souhaitait.

5 Mais le moine lui répondit catégoriquement qu'il ne voulait pas se charger d'autres moines ni les gouverner :

« Comment, disait-il, pourrais-je gouverner autrui, alors que je ne saurais me gouverner moi-même ? S'il vous semble que je vous ai rendu un service agréable et puisse encore vous 10 en rendre à l'avenir, permettez-moi de fonder une abbaye à mon idée. »

La requête plut à Gargantua, qui offrit tout son pays de Thélème[1], le long de la Loire, à deux lieues de la forêt de Port-Huault. Le moine demanda à Gargantua que son ordre 15 soit institué au contraire de tous les autres.

« Premièrement, dit Gargantua, pour commencer, il ne faudra pas bâtir de murailles alentour, car toutes les autres abbayes sont cruellement murées.

— Tout à fait, dit le moine, et ce n'est pas sans raison : 20 là où il y a des murs devant et derrrière, il y a force murmures, envies et conspirations. »

En outre, puisqu'il est en usage, dans certains couvents de ce monde, de nettoyer l'endroit si quelque femme y pénètre (j'entends une de ces femmes prudes et pudiques), on 25 ordonna que si un religieux ou une religieuse y entrait par hasard, on nettoierait soigneusement les endroits par où ils seraient passés. Et parce que dans les monastères tout est fixé, limité et réglé par les horaires, on décida qu'il n'y aurait là ni horloge ni cadran, mais que toutes les activités seraient 30 distribuées au gré des occasions et des opportunités. Car, disait Gargantua, la plus sûre manière de perdre son temps est de compter les heures (quel bien en résulte-t-il ?), et la plus grande sottise du monde est de se gouverner au son d'une cloche et non selon les règles du bon sens et de 35 l'intelligence.

En outre, parce qu'en ce temps-là, on ne faisait entrer en religion que les femmes qui étaient borgnes, boiteuses,

---

1. **Thélème** : pays imaginaire formé sur un nom grec qui signifie « désir ».

L'abbaye de Thélème *par Paul Jonnard, d'après Gustave Doré.*
Paris, Bibliothèque nationale.

crazy

bossues, laides, défaites, folles, insensées [...], et que les hommes catarrheux[1], mal nés, niais, [...], on ordonna que
40 ne seraient reçues en ce lieu que les femmes belles, bien formées et d'une heureuse nature, et les hommes beaux, bien formés et d'une heureuse nature. [...]

En outre, parce que d'habitude les religieux faisaient trois vœux, à savoir de chasteté, de pauvreté et d'obéissance, il fut
45 décidé qu'on pourrait en tout bien tout honneur être marié, et que tout le monde pouvait être riche et vivre en toute liberté.

Pour ce qui est de l'âge légal, les femmes étaient reçues entre dix et quinze ans, les hommes entre douze et dix-huit.

CHAPITRES 53-56

(Suivent plusieurs chapitres consacrés à la construction de l'abbaye de Thélème, à l'inscription placée sur la grande porte – « N'entrez pas ici, hypocrites et bigots »... – à la distribution des tâches en fonction des activités, et aux
5 vêtements des Thélémites.)

CHAPITRE 57

Comment était réglé le mode de vie des Thélémites

Toute leur vie était gouvernée non par des lois, des statuts

---

1. **Catarrheux :** sujets au catarrhe, inflammation des muqueuses qui aboutit à une forme de bronchite.

ou des règles, mais selon leur volonté et leur libre arbitre. Ils se levaient du lit quand bon leur semblait, buvaient, mangeaient, travaillaient, dormaient quand le désir leur en
5 venait ; personne ne les éveillait, personne ne les forçait à boire, à manger, ou à faire quoi que ce soit. Ainsi en avait décidé Gargantua. Et leur règle se limitait à cette clause[1] :

FAIS CE QUE TU VOUDRAS,

parce que les gens libres, bien nés, bien éduqués, conversant
10 en bonne compagnie, ont naturellement un instinct et un aiguillon qu'ils appellent honneur, qui les pousse à agir vertueusement et à fuir le vice. Lorsqu'ils sont affaiblis et asservis par une vile sujétion[2] et une contrainte, ils utilisent ce noble penchant, par lequel ils aspiraient à la vertu, pour
15 se défaire du joug de la servitude : car nous entreprenons toujours ce qui est défendu et convoitons ce qui nous est refusé.

Grâce à cette liberté, ils rivalisèrent d'efforts pour faire ce qui plaisait à l'un d'entre eux. Si quelqu'un disait :
20 « Buvons », tous buvaient ; s'il disait : « Jouons », tous jouaient ; s'il disait : « Allons nous délasser dans les champs », tous y allaient. Si c'était pour chasser au vol ou à courre, les dames, montées sur de belles haquenées[3], avec leur fier palefroi[4], portaient chacune sur leur poing joliment
25 ganté un épervier, un lanier ou un émerillon[5]. Les hommes portaient les autres oiseaux.

Ils étaient si noblement éduqués qu'il n'y avait personne parmi eux qui ne sût lire, écrire, chanter, jouer des instruments de musique, parler cinq ou six langues, et
30 composer en ces langues, aussi bien en vers qu'en prose. Jamais on ne vit des chevaliers si preux, si nobles, si adroits

---

1. **Clause :** disposition particulière.
2. **Sujétion :** soumission.
3. **Haquenée :** cheval d'allure douce, que montaient les dames.
4. **Palefroi :** cheval de marche ou de parade.
5. **Lamier, émerillon :** petits oiseaux de proie.

à pied et à cheval, plus vigoureux, plus agiles, plus aptes à manier toutes les armes qui se trouvaient là. Et jamais on ne vit des dames si élégantes, jolies, moins désagréables, plus

35 habiles à tirer l'aiguille, plus aptes à toutes les activités convenant à une femme honnête et libre.

Pour cette raison, quand le moment était venu que l'un ou l'autre sorte de l'abbaye, à la demande de ses parents ou pour une autre raison, il emmenait avec lui celle des dames qui

40 l'avait pris pour chevalier servant, et on les mariait. Ils avaient vécu à Thélème dans un tel climat de dévouement et d'amitié qu'ils continuaient à pratiquer ces vertus dans le mariage ; et ils s'aimaient à la fin de leurs jours comme aux premiers temps de leurs noces. [...]

CHAPITRE 58

(Le récit s'achève sur une énigme en forme de prophétie, découverte au moment où ont été creusées les fondations de l'abbaye. Gargantua et frère Jean en donnent deux interprétations différentes : pour le premier, il s'agit d'un

5 message évangélique, pour le second, il s'agit, plus prosaïquement, d'une évocation du jeu de paume.)

REPÈRES

1. Quelles sont les mesures prises par Gargantua au terme de la guerre ? La générosité à l'égard de Picrochole vous paraît-elle justifiée ?
2. En quoi peut-on dire que ces chapitres servent de « conclusion » à l'ensemble du récit ?

OBSERVATION

3. Quels liens peut-on établir entre la guerre picrocholine et la fondation de l'abbaye de Thélème ?
4. Quels sont les griefs principaux de Rabelais à l'encontre des communautés religieuses ? Sur quels principes permanents seront fondés les articles qui régiront la nouvelle communauté ?
5. D'après vous, Thélème est-elle une institution « ouverte », ou bien ne peut-elle concerner qu'une élite ? Justifiez votre réponse.
6. Certains ont fait remarquer que les cuisines étaient absentes de Thélème, ce qui est étonnant au sein d'un récit qui accorde autant d'importance à la nourriture. Que pensez-vous de cette absence ?
7. Si vous comparez la manière de vivre des Thélémites et l'éducation donnée par Ponocrates à Gargantua, quels vous paraissent être les points communs ?

INTERPRÉTATIONS

8. Que pensez-vous de l'unique « règle » à laquelle doivent se soumettre les Thélémites ? Une telle communauté vous paraît-elle viable ?
9. Dans la suite du cycle des géants, il ne sera plus jamais fait mention de l'abbaye de Thélème. Quelles réflexions vous inspire cette « disparition » d'une communauté à laquelle Rabelais aura pourtant consacré plusieurs chapitres ?

DE LA LECTURE À L'ÉCRITURE

10. Imaginez que, au nom du principe « Fais ce que tu voudras », l'abbaye de Thélème tourne à l'« anarchie », contrairement à ce que Gargantua et frère Jean avaient envisagé.

La fête omniprésente

La nourriture et la boisson, chez Rabelais, renvoient d'emblée à la convivialité effervescente, à la joie du partage et de l'échange. Seul un homme foncièrement pervers peut boire et manger seul, comme le montre l'exemple de Picrochole : le monarque atrabilaire, qui dîne tout en lançant à la cantonade des injonctions martiales, n'a pas de commensaux ; le banquet est étranger à son univers.

Dès le début du récit, nourriture et boisson revêtent une dimension festive : c'est au cours d'une partie de campagne où elle consomme force tripes que Gargamelle, femme de Grandgousier, met au monde Gargantua ; à cette occasion, les « propos de beuverie » des « bien ivres » (ch. 5) – que Rabelais a considérablement amplifiés au fil des éditions successives – président à la naissance du héros. Il est d'ailleurs significatif que les premiers mots de Gargantua soient : « À boire ! À boire ! », et que la toute première exclamation de Grandgousier porte sur les capacités d'ingestion du nouveau-né. Par-delà la bouffonnerie de l'épisode, une dimension essentielle de l'univers rabelaisien s'impose : la bouche est à la fois organe de la parole et ouverture béante où s'engouffrent boisson et nourriture, point d'articulation et lieu d'absorption.

Le banquet, foyer de communication

Manger, boire et parler constitueront donc, d'un bout à l'autre du récit, des actes interdépendants qui scandent les principaux épisodes : prouesses enfantines de Gargantua (ch. 12), arrivée à Paris (ch. 20), festivités organisées au château de Grandgousier (ch. 37-40), « festin magnifique » qui couronne la victoire de Gargantua et des siens (ch. 51). Le banquet, dans chacun de ces épisodes, est étroitement lié à la libération de la parole : « Rabelais, dit le critique russe Mikhail Bakhtine, était convaincu qu'on ne peut exprimer de vérité libre et franche que dans l'ambiance du banquet, et uniquement sur le ton des propos de table [...] ; car ceux-ci sont dispensés d'observer les distances hiérarchiques entre les choses et les valeurs, ils mêlent librement le profane et le sacré, le supérieur et l'inférieur, le spirituel et le matériel ; il n'est point de mésalliances pour eux. » Manger et boire, c'est réactiver la communication, tisser des liens plus étroits et plus dynamiques entre les membres du groupe. En ce sens, plusieurs critiques ont eu raison de faire remarquer que le banquet est la véritable « utopie » de Gargantua, plutôt que la morne abbaye de Thélème – ou d'ailleurs nul ne songe à boire ni à manger. Dans l'ivresse du banquet, la parole s'affranchit du sérieux, dissipe les peurs et les contraintes, impose l'image d'une joyeuse surabondance du langage.

Comment lire l'œuvre

L'action

Le schéma narratif

Pantagruel et *Gargantua*, on l'a vu, obéissent à la même structure générale : naissance et exploits enfantins du héros / éducation parisienne / retour précipité au foyer paternel et lutte victorieuse contre l'envahisseur. Chacun des trois ensembles qui constituent cette structure ternaire fait néanmoins l'objet d'un traitement très différent dans les deux récits :

• La seule comparaison du nombre des chapitres témoigne du faible intérêt que *Pantagruel* accorde à l'enfance du héros, réduite à quelques exploits herculéens teintés de bouffonnerie ; dans *Gargantua*, le jeune héros fait non seulement la découverte de son corps (ch. 11), mais il apprend à manier le langage d'une manière ludique et vantarde (ch. 12) ou bien construite et persuasive (ch. 13).

• *Pantagruel* réduit quasiment à une seule phrase le processus d'apprentissage de son héros : « En le voyant étudier et progresser, on aurait dit que son esprit courait parmi les livres comme le feu dans les branchages, tant il l'avait infatigable et aigu. » (ch. 8). Dans *Gargantua*, un diptyque soigneusement construit oppose l'éducation des précepteurs sophistes, barbare et informe, et celle du précepteur humaniste, qui fait échapper l'élève à l'inculture asociale où il menaçait de sombrer.

• Les péripéties guerrières, de même, sont très inégalement traitées dans les deux récits : elles n'occupent que 6 chapitres dans *Pantagruel* (25-30), contre 24 dans *Gargantua* (25-48). Tandis que le premier réduit le roi ennemi à un fantoche et que la conduite de la guerre ne mobilise que ponctuellement les réflexions des protagonistes, le second donne au personnage de Picrochole un indéniable relief, et entend poser dans toute son ampleur le problème de la paix et des conflits guerriers.

À ce traitement différent des trois ensembles, *Gargantua* ajoute un souci manifeste d'articulation. Dans *Pantagruel*, le passage de la jeunesse à l'éducation parisienne et du séjour dans la capitale aux exploits guerriers n'est assuré que par deux brefs paragraphes :

• « Après que Pantagruel eut fort bien étudié à Orléans, il décida de visiter la grande université de Paris. » (ch. 7)

• « Peu de temps après, Pantagruel apprit que son père Gargantua avait été transporté au pays des fées par Morgane, comme le furent jadis Ogier et Arthur ; il apprit aussi que, au bruit de ce transport, les Dipsodes étaient sortis de leurs frontières, avaient dévasté une grande partie d'Utopie, et faisaient alors le siège de la grande ville des Amaurotes. Ainsi il partit de Paris sans dire adieu à personne, car l'affaire était urgente, et il alla à Rouen. » (ch. 23)

Il en va tout autrement dans *Gargantua* : des scènes-pivots assurent l'articulation entre les groupes d'épisodes, relançant l'action au moment où une sédentarité sans horizon menace les protagonistes.

• Le chapitre 14 constitue ainsi une scène clé dans le processus d'éducation du jeune Gargantua : en faisant éclater au grand jour l'ineptie des précepteurs sophistes – Gargantua se met à pleurer « comme une vache » lorsque le jeune page l'interroge –, il appelle un changement complet d'orientation et un élargissement du théâtre de l'action : à demeurer enfermé dans la demeure paternelle, sans contact avec les nouveautés du temps, le jeune géant ne pourrait que continuer à s'étioler intellectuellement et socialement. Le passage d'un lieu à l'autre est cette fois profondément *motivé*, le voyage à Paris devenant synonyme d'accès à un système éducatif plus fécond, ainsi qu'à de nouveaux horizons culturels.

• Le chapitre 26, où les fouaciers de Lerné viennent se plaindre à leur roi Picrochole, joue un rôle équivalent. En refusant de considérer les faits avec la sérénité qui s'imposerait, Picrochole va provoquer l'arrachement du géant à son séjour studieux, et offrir à sa force un nouveau terrain de déploiement. On ne peut s'empêcher ici, de hasarder une hypothèse : Picrochole, au fond, ne sauve-t-il pas le récit du sérieux sans faille où les chapitres 23 et 24, consacrés à l'éducation humaniste de Gargantua, menaçaient de l'enfermer ? La colère démente du monarque impérialiste agirait ainsi comme un principe de relance : la joyeuse bouffonnerie des premiers chapitres du récit, momentanément occultée par l'entrée en scène du pédagogue Ponocrates, refait surface à l'occasion de la guerre picrocholine.

Motifs binaires

À cette structure progressive des deux récits s'ajoute un mode de composition « circulaire », masquée par la succession apparemment décousue des épisodes. Plusieurs critiques ont mis en évidence ce procédé millénaire – attesté aussi bien par la Bible que par les textes de l'Antiquité gréco-latine –, qui consiste à disposer des éléments analogues selon un dispositif de symétrie concentrique (A – B – C – D – E – D' – C' – B' – A'). Ainsi, dans *Pantagruel*, l'effet de symétrie est flagrant : à l'évocation des héros primitifs qui forment la généalogie du géant (ch. 1) répond, brossé par Épistémon, le tableau des héros en enfer (ch. 30) ; de même qu'aux prodigieuses capacités d'ingestion du géant enfant (ch. 4) fait écho le voyage du narrateur dans sa bouche et l'entrée de ses serviteurs dans le « gouffre horrible » de son estomac (ch. 32 et 33). Une telle structure attire tout naturellement l'attention sur les deux chapitres qui occupent une place centrale : les chapitres 16 et 17, exclusivement consacrés aux mœurs et aux frasques de Panurge. Ainsi s'opère une focalisation sur ce personnage dont les aventures, à ce moment, vont former un développement quasi-autonome à l'intérieur du récit et menacer – au moins temporairement – la prépondérance de Pantagruel.

Le même principe de circularité est à l'œuvre dans *Gargantua*. Le tableau ci-dessous permet de mettre en évidence quelques-uns des échos et correspondances les plus manifestes qui s'instaurent entre des épisodes éloignés :

Prologue de l'auteur : faut-il adopter une interprétation littérale ou allégorique des textes ?	**Chapitre 58 :** interprétation allégorique de l'énigme par Gargantua / interprétation prosaïque de frère Jean
Chapitre 2 : énigme des « fanfreluches antidotées » découvertes auprès d'un grand tombeau	**Chapitre 58 :** énigme en forme de prophétie découverte au moment où sont creusées les fondations de Thélème
Chapitre 8 : « Comment on vêtit Gargantua »	**Chapitre 56 :** « Comment étaient vêtus les religieux et les religieuses de Thélème »
Chapitre 27 : « Comment un moine de Seuillé sauva le clos de l'abbaye du sac des ennemis »	**Chapitre 52 :** « Comment Gargantua fit bâtir pour le moine l'abbaye de Thélème »
Chapitre 33 : le délire belliqueux et impérialiste de Picrochole et de ses conseillers	**Chapitre 50 :** la harangue pacifiste de Gargantua aux vaincus

Ce système de correspondances n'est évidemment pas un simple artifice de construction : il nous incite à une lecture des deux récits qui procède par regroupements d'épisodes et éclairages réciproques. Il est évident, par exemple, que la conduite de la guerre par Picrochole, dès le déclenchement des hostilités, doit faire l'objet d'un parallèle avec l'attitude qu'adopteront Grandgousier et Gargantua : à l'impulsivité haineuse du premier, à ses fantasmes de domination universelle, s'opposeront à la fois la réflexion stratégique des seconds et leur constant souci d'humanité. L'œuvre procède ainsi par diptyques dont les panneaux seraient éloignés et exigeraient du lecteur un effort de rapprochement et de confrontation.

Les personnages

Les géants et leurs acolytes

Ce principe de binarité se retrouve naturellement dans la détermination des rapports entre protagonistes, puisqu'à la « paire d'amis » formée par Pantagruel et Panurge fait écho le tandem Gargantua / frère Jean. Dans chacun des récits, le géant incarne l'alliance du savoir encyclopédique et de la dignité morale, tandis que son compagnon, bon vivant, hâbleur et peu avare de plaisanteries salaces, se fait le représentant d'une culture populaire qui ne s'embarrasse ni de références lettrées, ni même de précautions morales. Cette dualité, qui oppose au savant humaniste le « trouble-sagesse », instaure une **tension** qu'on peut considérer comme la principale source de dynamisme de chacun des deux récits.

Pantagruel et Panurge

Dans *Pantagruel*, la fréquentation assidue de Panurge par le géant pose problème, eu égard aux recommandations paternelles du chapitre 8 : non seulement le nouveau et « gentil compagnon » n'appartient pas au cercle des lettrés, mais son sens moral est plus que sujet à caution. Panurge, de toute évidence, ne peut être ramené au rôle d'« adjuvant » du héros qui est celui d'Eusthenes, de Carpalim ou d'Épistémon, personnages réduits à une simple fonction dans l'économie du récit. L'analyse actancielle trouve ici ses limites : la distinction héros / adjuvant ne saurait rendre compte de la relation complexe qui s'établit entre Pantagruel et Panurge. On remarque en effet que ce dernier, apparu au chapitre 9, disparaît complètement dans les 4 chapitres suivants, avant d'effectuer un retour spectaculaire au cours des chapitres 14-17, où il finit même par éclipser Pantagruel. À deux reprises, les aventures de Panurge (ch. 17 et 21-22) acquièrent une autonomie quasi totale, constituant une sorte de développement indépendant au sein de la geste gigantale. À tel point qu'on peut légitimement se poser la question : qui est le véritable héros de *Pantagruel* ? Si le nombre des chapitres consacrés aux prouesses du géant l'emporte sur ceux qui mettent en scène son rusé acolyte, il n'en reste pas moins que ce dernier manifeste, dans un certain nombre d'épisodes clés, une virtuosité capable de dénouer toutes les difficultés et de vaincre tous les obstacles : il ridiculise le savant anglais Thaumaste, que Pantagruel avait peur d'affronter en une controverse académique (ch. 18-20), il se venge d'une dame parisienne qui a refusé ses avances (ch. 21-22), explique le rébus qui laisse Pantagruel perplexe (ch. 24), trouve un stratagème qui permet d'éliminer quelques centaines d'ennemis (ch. 25), et enfin – couronnement de ses interventions successives – il ressuscite Épistémon, dont la tête a été coupée au cours de la bataille finale (ch. 30). Comme l'indique l'étymologie grecque de son nom, Panurge est le « bon à tout », celui dont les stratagèmes et l'habileté amorale font rebondir le récit lorsque la force physique et intellectuelle de Pantagruel est prise en défaut. Mais le rapport de complémentarité qui l'unit à Pantagruel demeure ambigu : bien qu'intégré au cercle des « compagnons » du géant, et prêt à lui venir en aide à la moindre difficulté, le personnage n'en conserve pas moins une insolente singularité. « Si vous consentez à ma volonté, déclarait le géant lors de l'épisode de la rencontre, vous ne quitterez jamais ma compagnie. » Sans doute le bon Pantagruel s'illusionnait-il un peu : on ne dompte pas avec des promesses d'affection éternelle un personnage aussi mobile et effervescent que Panurge.

Gargantua et frère Jean

À bien des égards, le tandem formé par Gargantua et frère Jean dans le second récit reconduit cette ambivalence : le moine est lui aussi intégré à la troupe des « gargantuistes » – le combat contre Picrochole fait loi – mais il tient à afficher sa différence, plus nettement encore que Panurge, et ne se réduit pas plus que ce dernier à une fonction d'« adjuvant ». Sa singularité tient à deux caractéristiques fondamentales : il n'est pas savant comme Gargantua ou Ponocrates (au chapitre 39, il déclare en effet : « Feu notre abbé disait que c'est une chose monstrueuse que de voir un moine savant. »), et il manifeste en toute occasion une bonne humeur festive qui fait paraître ceux-là légèrement compassés. En témoigne ce bref échange de répliques, au cours du banquet que donne Grandgousier : « À propos, pourquoi les cuisses d'une demoiselle sont-elles toujours fraîches ? — Ce problème, dit Gargantua, n'est ni dans Aristote, ni dans Alexandre d'Aphrodise, ni dans Plutarque. » (ch. 39). Par la gaieté de ses propos et l'impertinence de ses interpellations, frère Jean réactive la parole conviviale au sein du récit. On remarque en effet que celle-ci était absente des derniers épisodes : ni l'éducation rationnelle de Ponocrates ni le délire impérialiste de Picrochole ne lui accordaient droit de cité. En ce sens, frère Jean réintroduit le principe festif à l'œuvre dans les « propos des bien ivres » qui avaient entouré, au tout début du récit, la naissance de Gargantua (ch. 5). Son irruption relance également la différenciation des voix : impossible en effet de confondre la parole de Ponocrates, de Gargantua ou d'Eudémon, chargée de références érudites, et la parole de frère Jean, alerte, insolente, truffée de jurons et d'obscénités. À l'instar de Panurge, le moine est à la fois intégré au groupe de Gargantua – « Tu vaux ton pesant d'or ! » lui lance un Ponocrates conquis – et soucieux de proclamer son autonomie : le tout dernier chapitre en fera preuve lorsque, face à l'énigme en forme de prophétie, frère Jean opposera à l'interprétation théologique de Gargantua une explication ludique qui lui donnera le dernier mot du récit (« Et bonne chère ! »). Difficile, dans ces conditions, d'imaginer le personnage en « abbé de Thélème » : que viendrait faire un moine ripailleur, bon vivant, tonitruant, à la tête d'une institution vouée à la culture humaniste et à la sociabilité policée ? De fait, il ne sera plus question, dans le *Tiers Livre*, de ces « fonctions » de frère Jean, bien trop solennelles pour un tel personnage.

Frère Jean des Entommeures
par Gustave Doré. Paris, Bibliothèque nationale.

Éducation et maîtrise de la parole

Comme chez les grands humanistes du temps – Érasme ou Guillaume Budé –, la question de l'éducation occupe chez Rabelais une place éminente. Ce qui ne signifie pas pour autant qu'on doive chercher dans *Pantagruel* ou *Gargantua* un traité ou un programme pédagogique en bonne et due forme. La tendance générale de la critique rabelaisienne, depuis quelques décennies, a consisté à réagir contre cette réduction des récits à une « doctrine » humaniste dont il suffirait, au fil du texte, de relever les principaux articles. Il s'agit sans doute moins, pour Rabelais, de proposer une pédagogie ou une méthode d'éducation que de mettre en perspective les propositions de son époque, et d'ouvrir ainsi un vaste champ d'interrogations.

La fameuse lettre de Gargantua à Pantagruel (*Pantagruel*, ch. 8) a longtemps été considérée par la critique comme un des sommets de l'humanisme triomphant, au point que le texte a fini par figurer dans toutes les anthologies. Rappelons d'abord que Rabelais n'y invente rien : il se contente de reprendre les programmes d'études préconisés par les humanistes de son temps, en donnant à la réflexion paternelle un tour théologique et philosophique. Mais la force et l'autonomie du passage s'imposent d'emblée au lecteur, au point que certains commentateurs y ont vu une insertion tardive : avec sa construction irréprochable et ses formules bien frappées, la rhétorique épistolaire de Gargantua se prête tout particulièrement au culte du « morceau choisi ». Est-il légitime, pour autant, d'isoler la lettre de son contexte ? D'autant que celui-ci n'est pas sans intriguer par sa bouffonnerie, en contraste flagrant avec le sérieux et la solennité des formules employées par Gargantua : le chapitre 7 déroule une interminable liste d'ouvrages aux titres grotesques tandis que le chapitre 8 met en scène un Pantagruel perplexe, incapable de comprendre la kyrielle grisante des langues utilisées par Panurge. Lire en continuité les chapitres 7, 8 et 9, c'est admettre que l'éducation du géant ne se résume pas aux préceptes de la lettre paternelle, mais qu'elle consiste en un apprentissage du langage qui place le protagoniste dans des situations éminemment variées : la pédagogie érasmienne du père, avec sa rhétorique cicéronienne, n'est plus dès lors qu'un langage parmi d'autres, une manière de ponctuer l'itinéraire éducatif de Pantagruel en aiguisant sa sagacité. On remarque en effet que le séjour parisien, qui forme l'essentiel du récit (ch. 7 à 23), confronte le héros à des idiomes multiples, et que « la vie se présente à lui sous forme d'ensemble linguistiques discordants[1] » : jargon franco-latin de l'écolier limousin (ch. 6), langues réelles ou inventées de Panurge (ch. 9), procès indémêlable entre les seigneurs Baisecul et Humevesse, dont les plaidoiries respectives multiplient jusqu'à l'absurde les coq-à-l'âne (ch. 10-11-12-13), langage par signes du savant anglais Thaumaste (ch. 18 et 19), rébus envoyé au géant par une femme amoureuse (ch. 24). Tous ces épisodes dessinent l'image d'un monde complexe et

---

1. François Rigolot, *Les Langages de Rabelais*, Droz, 1996, p. 60.

touffu, hérissé de signes ambivalents ou incompréhensibles dont il faut tâcher de se rendre maître à force de virtuosité. L'éducation de Pantagruel, à cet égard, ne se résume pas au commerce des grands textes de l'Antiquité gréco-latine, tel qu'il est préconisé par Gargantua, mais implique une constante ouverture aux langages du monde, une souplesse intellectuelle capable d'affronter la richesse imprévisible des situations de communication.

Dans *Gargantua*, l'apprentissage et la maîtrise de la parole constituent également un enjeu fondamental. Si les méthodes mises en œuvre par le précepteur sophiste Thubal Holoferne s'avèrent si désastreuses, c'est d'abord parce qu'elles sont impuissantes à constituer le jeune Gargantua en sujet parlant, capable de prendre sa place dans l'échange social : lorsque le page Eudémon s'adresse à lui avec un langage fleuri et des manières impeccables, le géant se met « à pleurer comme une vache », et il n'est pas plus possible « de lui tirer une parole qu'un pet d'un âne mort ». La double métaphore animale est essentielle : Gargantua, ignorant des règles sociales qui régissent l'échange des discours, n'appartient pas encore à l'humanité. Certes, les chapitres précédents ont montré que le jeune géant ne manquait pas de verve lorsqu'il s'agissait de jouer un bon tour à des amis de son père ou de prononcer l'éloge du « torchecul » qui lui semblait le plus adéquat ; mais ce langage virtuose relevait des facéties enfantines et témoignait d'une obsession anale nettement régressive. Livré aux caprices et aux impulsions de son corps, le jeune géant ne peut s'inscrire dans l'espace social du discours. Pour l'y intégrer, le précepteur

Ponocrates va donc, en premier lieu, réguler, contrôler et canaliser ce corps envahissant : il le soumet à un régime physique draconien afin de le rendre propre aux exigences de la communication. Ainsi pris en main, Gargantua peut être introduit « dans la compagnie des gens savants » et mesurer à quel point son ancien mode d'existence l'a enfermé dans une enfance prolongée et semi-animale.

Pourtant, cette éducation lettrée et méthodique qui se substitue à une « vicieuse manière de vivre » ne va pas sans soulever quelques interrogations. Au fond, le programme pédagogique mis en œuvre par Ponocrates ne se caractérise-t-il pas par une rationalisation excessive ? Ne risque-t-il pas d'aboutir à une forme d'aliénation qui serait le double inversé de la « barbarie » des précepteurs sophistes ? Ces questions sont d'autant plus légitimes que Gargantua, au cours des chapitres 23 et 24, disparaît non seulement en tant que géant, mais aussi en tant qu'individu doté d'une existence autonome : le pronom de troisième personne du pluriel scande la plus grande partie du passage, englobant de manière imprécise Ponocrates, Gargantua, et tous ceux qui participent à l'éducation du jeune homme (« ils révisaient les passages des auteurs anciens », « ils allaient écouter des leçons publiques », « ils récitaient de jolis vers »...). Est-ce à dire que la joyeuse singularité du géant s'est dissoute dans ce mode d'éducation exemplaire ? Dissolution certes momentanée, puisque la guerre picrocholine réactive le gigantisme et rend à Gargantua ses proportions redoutables. Mais la question demeure : les résultats de la pédagogie mise en œuvre aux cha-

pitres 23 et 24 ne se paieraient-ils pas d'une neutra-
lisation des spécificités individuelles ?

Le tableau final de l'abbaye de Thélème donne à ce
danger un indéniable relief. L'utopie thélémite pro-
longe en un sens l'éducation donnée par Ponocrates
à son élève : elle offre l'image d'un monde où des
esprits cultivés communient dans le loisir lettré et les
activités les plus raffinées. Mais cette communion
même n'est-elle pas guettée par l'indifférenciation la
plus anonyme ? Ignorant la discorde et le conflit, les
Thélémites ne connaissent plus qu'une parole aussitôt résorbée dans l'approbation collective : « Si l'un
ou l'une d'entre eux disait : "buvons", tous
buvaient ; si on disait "jouons", tous jouaient ; si on
disait : "allons nous ébattre aux champs", tous y
allaient. » (ch. 57). Où sont passés les joyeux inter-
locuteurs des banquets ? Où sont les heurts et les
divergences qui donnaient à la petite troupe des
« gargantuistes » sa verve et son impertinence ?
L'apprentissage de la parole, mené deux livres
durant, aboutit à la négation même de la parole dans
le cadre de l'utopie. *In extremis*, pourtant, le principe de l'opposition des discours se réintroduit dans
le récit : les interprétations antagonistes de
Gargantua et de frère Jean, au sujet de l'énigme en
forme de prophétie, rétablissent la différenciation
des voix et la conflictualité des points de vue, un instant menacées par Thélème. C'est sans doute qu'il
vaut mieux fuir les utopies, et retrouver la fièvre
inquiète du discours : Panurge s'en chargera dans le
Tiers Livre, et il ne sera plus question, alors, de
Thélème et des Thélémites.

Correspondances

—1——

Le court traité intitulé *Le Plan des études* (1511), est considéré comme un des écrits fondateurs de la nouvelle éducation, dont Érasme s'est voulu le pionnier. Opposé à une pédagogie fondée sur la mémoire Érasme prône des exercices de parole et d'écriture nourris d'une fréquentation quotidienne des grands auteurs.

« Pour ma part, après qu'il aura reçu l'instruction la plus élémentaire, j'aimerais que l'enfant fût appelé sans tarder à la pratique de la langue. En effet, alors qu'en peu de moins à cet âge on apprend à parler une langue, si barbare soit-elle, quel obstacle interdirait le même résultat avec la langue grecque ou latine ? [...] En conséquence, la grammaire réclame pour elle-même la première place et doit être, sans tarder, enseignée aux enfants sous une double forme, je veux dire la grammaire grecque et la grammaire latine [...], parce que ces deux langues nous ont transmis presque tout ce qui est digne d'être connu. Les rudiments de chacune de ces deux langues doivent être puisés chez un maître de premier ordre [...]. Néanmoins, je n'ai jamais approuvé la pratique ordinaire aux maîtres d'école qui retiennent les enfants de nombreuses années à leur inculquer les règles de grammaire. En effet, l'aptitude à parler correctement s'acquiert beaucoup mieux par la conversation et les contacts avec ceux qui s'expriment en un langage châtié, mais aussi par la lecture assidue des auteurs éloquents. »

Érasme, Le Plan des études, 1511.

2

Comme Érasme et Rabelais, Montaigne dénonce, dans ses mises en garde pédagogiques, une méthode fondée sur la répétition mécanique des textes. Il entend respecter la liberté et l'individualité de l'enfant : bannissant toute imposition autoritaire du savoir, le bon précepteur doit évaluer le jeune esprit qui lui est confié, et mettre en œuvre un dialogue fécondant qui permette à ce dernier de trouver ses propres voies.

« Je voudrais qu'on fût soigneux de lui choisir un précepteur qui eût la tête bien faite plutôt que bien pleine [...]. On ne cesse de criailler à nos oreilles, comme si l'on versait dans un entonnoir, et notre rôle n'est que de répéter ce qu'on nous a dit. Je voudrais qu'on corrigeât ce point et que, d'emblée, selon la capacité de l'esprit qu'il a en main, le précepteur commençât à le mettre sur la piste, lui faisant goûter les choses, les choisir et les discerner par lui-même. Je ne veux pas qu'il invente et parle seul, je veux qu'il écoute son disciple parler à son tour. [...] Qu'il ne lui demande pas seulement compte des mots de sa leçon, mais du sens et de la substance, et qu'il juge du profit qu'il aura fait non par le témoignage de sa mémoire, mais de sa vie. »

Montaigne, *Essais*, 1595.

La guerre,
entre scandale et illusions

Éducation et guerre ont partie liée : ce ne sont pas deux « thèmes » juxtaposés, que Rabelais développerait tour à tour, mais deux manières de mettre à l'épreuve les forces du héros et de faire rebondir une question fondamentale. On remarque en effet que la même opposition barbarie / civilisation structure les chapitres consacrés à l'éducation du géant et les épisodes guerriers. Cette scansion est sans doute moins nette dans *Pantagruel*, où la guerre contre le roi Anarche et les géants prend des allures de spectacle bouffon. Elle acquiert en revanche, dans *Gargantua*, un relief et une ampleur qui contribuent largement à l'homogénéité d'ensemble du récit. Le processus éducatif qui mène le jeune Gargantua des ténèbres « sophistes » à la pédagogie rationnelle de Ponocrates évoque en effet, par anticipation, la défaite picrocholine et la promesse thélémite d'un monde de paix, de culture et d'harmonie. La même rationalité éclairée est à l'œuvre dans les deux parties du récit : contre les barbares de tous bords (pédagogues ineptes, tyrans impérialistes), il convient de mobiliser des énergies (intellectuelles ou militaires) qui assurent à l'humanité les conditions de son développement le plus authentique. La guerre est un scandale qui doit être expulsé de l'horizon, tout comme les apprentissages aliénants et les conceptions mécaniques du savoir.

Cette dynamique libératrice n'en est pas moins entachée d'un certain nombre d'illusions. Gargantua et les siens, en humanistes imprégnés de rhétorique antique, croient fermement au pouvoir de la parole :

il est significatif, à cet égard, que la guerre picro-choline soit encadrée par deux discours – la harangue d'Ulrich Gallet, ambassadeur de Grandgousier (ch. 31), et la harangue de Gargantua aux vaincus (ch. 50). Le premier discours, qui invoque à la fois les règles de la morale, de la religion et de la raison, se donne pour objectif de conjurer les déchaînements d'une violence inadmissible : « Où est la foi ? Où est la loi ? Où est la raison ? Où est l'humanité ? Où est la crainte de Dieu ? Il est pourtant évident que la dénonciation du scandale n'a pas la moindre prise sur celui que dominent ses pulsions guerrières. « Avec une lucidité combien prophétique, Rabelais dénonce ici la faiblesse du pacifisme : le recours sempiternel à l'ordre éthique pour conjurer ce qui se veut au-delà de toute éthique[1] ». Dans ces conditions, l'ultime discours de Gargantua, qui fait écho à la harangue de l'ambassadeur, paraît en proie aux mêmes illusions : rendre le bien pour le mal, et se contenter, pour seule sanction, de faire travailler les généraux vaincus dans les ateliers d'imprimerie, suffira-t-il à exorciser la fascination de la guerre ?

Frère Jean est le seul, parmi les adversaires de Picrochole, à ne pas partager cette confiance en la parole : son but est d'abord de vaincre, et en ce sens, il ne s'embarrasse nullement de rhétorique. Un épisode témoigne clairement de cette opposition interne au camp des « gargantuistes » : lorsque le moine, chevauchant à vive allure, reste suspendu aux branches d'un arbre, Eudémon le compare au héros biblique Absalon, tandis que Gargantua conteste la

---

1. Jean Paris, *Rabelais au futur*, Seuil, 1970, p. 107.

pertinence de l'assimilation ; et le moine, exaspéré, de lancer à ses savants compagnons : « Est-ce bien le moment de jaser ? » La portée de l'interrogation dépasse largement cet épisode burlesque : elle vaut, en définitive, pour l'ensemble de la guerre picrocholine. Le moine a compris que, contre un Picrochole, il n'existait d'autre moyen que les armes, et qu'une violence équivalente devait être opposée à la sienne. « Jaser » inconsidérément : tel est, à ses yeux, le défaut de ces lettrés pénétrés de culture antique. En ce sens, la conclusion de la guerre picrocholine est plus ambiguë qu'on ne le prétend parfois : le conquérant en proie à ses pulsions est certes vaincu, mais il n'est pas sûr que la rhétorique généreuse et optimiste des vainqueurs suffise à éviter le ressurgissement de la barbarie.

Correspondances

1

Comme la plupart des humanistes, Érasme a été un farouche défenseur de la paix, et il est revenu sur ce thème de prédilection dans de nombreux textes. En faisant le portrait de Picrochole, Rabelais s'est peut-être souvenu des dénonciations des rois belliqueux et de leurs conseillers perfides qu'on trouve sous la plume de son prédécesseur. Aux yeux d'Érasme, la guerre est d'abord un scandale, qui non seulement heurte les principes du christianisme mais bouleverse l'ordre naturel et la place que l'homme est censé y occuper. On pourra comparer les interrogations horrifiées qui scandent ce texte à la harangue d'Ulrich

Gallet, ambassadeur de Grandgousier auprès de Picrochole (*Gargantua*, ch. 31).

« Qui croirait, je vous le demande, que ce sont là des êtres humains, si l'habitude du mal ne nous avait enlevé la faculté de nous étonner ? Les yeux brillent, les visages pâlissent, le pas dénonce la fureur, la voix grince, la clameur devient folle, l'homme est de fer tout entier, les armes résonnent, les bombardes[1] lancent des éclairs. [...] Pourrait-on croire que la nature elle-même reconnaîtrait ici son œuvre ? Et si quelqu'un l'en avertissait, ne serait-elle pas en droit de maudire cette conduite impie en des termes comme ceux-ci : " Quel spectacle extraordinaire ai-je devant les yeux ? [...] Un seul être existe que j'ai créé pour le bon vouloir, doux, amical, secourable. Que s'est-il passé pour qu'il ait dégénéré en un animal de cette férocité ? Je ne retrouve en lui aucun trait de l'homme que j'ai façonné. Quel mauvais génie a corrompu mon œuvre ? [...] Pourquoi t'es-tu mis en tête de te transformer en une bête si farouche que désormais aucun fauve ne puisse être pris pour un fauve si on le compare à l'homme ? " Elle dirait cela, je pense, et beaucoup d'autres choses du même genre, cette grande nature constructrice. Donc, puisque c'est ainsi que l'homme a été formé [...], on peut se demander, non sans un vif étonnement, quel dieu, quel mal ou quel hasard a introduit pour la première fois dans le cœur humain l'envie de planter un fer meurtrier dans les entrailles d'un homme. »

> Érasme, « La guerre est douce pour ceux qui ne l'ont pas faite », Adage 3001, in *Guerre et paix dans la pensée d'Érasme*, choix de textes commentés et présentés par J.-C. Margolin, Aubier Montaigne, 1973.

---

1. **Bombardes** : pièces d'artillerie. Les humanistes se sont généralement élevés contre l'emploi des armes à feu, notamment des canons.

2

Discours des misères de ce temps de Ronsard vibre d'une indignation véhémente contre les guerres de religion, coupables de dresser le peuple contre lui-même et de provoquer des désastres tels qu'aucun envahisseur n'en a accompli.

« Ô toi, historien, qui d'encre non menteuse
Écris de notre temps l'histoire monstrueuse,
Raconte à nos enfants tout ce malheur fatal,
Afin qu'en te lisant ils pleurent notre mal,
Et qu'ils prennent exemple aux péchés de leurs pères,
De peur de ne tomber en pareilles misères.
[...]
L'oncle fuit le neveu, le serviteur son maître ;
La femme ne veut plus son mari reconnaître ;
Les enfants sans raison disputent de la foi,
Et tout à l'abandon va sans ordre et sans loi.
L'artisan par ce monstre a laissé sa boutique,
Le pasteur ses brebis, l'avocat sa pratique,
Sa nef le marinier, sa foire le marchand,
Et par lui le prud'homme est devenu méchant.
L'écolier se débauche, et de sa faux tortue
Le laboureur façonne une dague pointue,
Une pique guerrière il fait de son râteau,
Et l'acier de son coutre il change en un couteau.
Morte est l'autorité ; chacun vit à sa guise ;
Au vice déréglé la licence est permise ;
Le désir, l'avarice et l'erreur insensé
Ont sens dessus dessous le monde renversé.

Ronsard, *Discours des misères de ce temps*, 1562.

Lectures d'écrivains

L'œuvre de Rabelais a toujours connu un grand succès éditorial, et nombreux sont les écrivains, de la Renaissance à nos jours, à avoir rendu hommage à un auteur qu'ils considèrent comme un génial inspirateur. On pourrait multiplier les témoignages d'admiration fervente : Voltaire ne cesse de relire des passages de *Gargantua* qu'il finit par connaître par cœur, Vigny exprime sa ferveur dans son discours de réception à l'Académie française, Flaubert ne peut s'endormir qu'après avoir lu un chapitre du « sacro-saint, immense et extra-beau Rabelais », Marcel Aymé admire le « génial curé surréaliste », et Paul Valéry le classe parmi les écrivains qui « savent vivre où mènent les mots ». Intégrée au fonds culturel national, l'œuvre de Rabelais est devenue très vite un monument littéraire de l'esprit français, comme en témoignent, au XIXᵉ siècle, les jugements de Hugo et de Michelet :

« Dans l'ordre des hauts génies, Rabelais suit chronologiquement Dante ; après le front sévère, la face ricanante. [...] Rabelais intronise une dynastie de ventres, Grandgousier, Pantagruel et Gargantua. Rabelais est l'Eschyle de la mangeaille [...]. D'autres creusent sous le genre humain dépravé des cachots redoutables ; en fait de souterrain, ce grand Rabelais se contente de la cave. Cet univers que Dante mettait dans l'enfer, Rabelais le fait tenir dans une futaille. Son livre n'est pas autre chose. Les sept cercles d'Alighieri bondent et enserrent cette tonne prodigieuse. »

Victor Hugo, William Shakespeare -1864.

Portrait de François Rabelais.
Paris, Bibliothèque nationale.

« Il serait ridicule de comparer le *Gargantua* et le *Pantagruel* à la *Divine Comédie*. L'œuvre italienne, inspirée, calculée, merveilleuse harmonie, semble ne comporter de comparaison à nulle œuvre humaine. Toutefois, ne l'oublions pas, cette harmonie est due à ce que Dante, si personnel dans le détail, s'est assujetti dans l'ensemble, dans la doctrine, dans la composition même, à un système tout fait, au système officiel de la théologie. [...] Directement contraire est la tendance de Rabelais. Il cingle à l'est, vers les terres inconnues. L'œuvre est moins harmonique ; je le crois bien. C'est un voyage de découverte. »

Michelet, Renaissance et Réforme, 1855.

Relevons néanmoins, dans ce concert de louanges, le jugement négatif que La Bruyère, dans *Les Caractères*, a porté sur une œuvre inconciliable avec les normes du goût classique :

« Rabelais [...] est incompréhensible : son livre est une énigme, quoi qu'on veuille dire, inexplicable ; c'est une chimère, c'est le visage d'une belle femme avec les pieds et une queue de serpent ou de quelque autre bête plus difforme ; c'est un monstrueux assemblage d'une morale fine et ingénieuse et d'une sale corruption. »

La Bruyère, Les Caractères, 1688.

Analyses et interprétations

C'est à partir de la seconde moitié du XIXe siècle que la recherche universitaire prend son essor, et se donne pour tâche principale l'analyse philologique et historique du texte de Rabelais : datation des éditions, établissement des variantes, étude des sources et du contexte culturel – tels sont les principaux axes du travail critique. Créée en 1903, la Société des études rabelaisiennes aboutit, à partir de 1912, à la publication échelonnée d'une édition critique des cinq livres sous la direction d'Abel Lefranc. Ce dernier, dans les introductions qu'il consacre à *Pantagruel* et *Gargantua*, rattache les récits au contexte politique, culturel et religieux qui les a vus naître. Il affirme en outre, sur la foi de nombreux passages, que la « pensée secrète » de Rabelais consiste en un rationalisme athée soigneusement dissimulé sous la farce et la bouffonnerie.

« Nul satirique, pas même Voltaire, n'a atteint, semble-t-il, un tel degré d'habileté et de calcul dans l'art de doser les négations les plus hardies. [...] Rabelais a pris le masque de la folie pour lancer à travers le monde les vérités et les négations qu'il lui était impossible de faire entendre autrement. »

Abel Lefranc, *Rabelais,* 1958.

C'est contre cette interprétation que s'est élevé l'ouvrage célèbre de Lucien Febvre, *Le Problème de l'incroyance au XVIe siècle. La Religion de Rabelais* (1942). Rien de plus opposé à l'esprit de Rabelais et de son temps, déclare l'auteur, que la notion d'incroyance :

« Rabelais fut pour son temps un libre esprit. Il fut un homme de robuste intelligence, de vigoureux bon sens et dégagé de maints préjugés qui avaient cours autour de lui. Mais [...] s'il avait entrepris de mener contre la religion chrétienne cette croisade forcenée dont on nous parle : non, il n'eût pu faire ainsi œuvre vraiment sérieuse. Le terrain se dérobait sous lui. Et ses négations n'auraient pu être, tout au plus, que des opinions – des façons de penser et de sentir paradoxales que rien ne venait appuyer du dehors, étayer réellement, substantiellement, ni dans la science ni dans la philosophie de son temps. Et d'autre part, un rationalisme cohérent, un système rationaliste bien organisé, et par là même dangereux parce qu'appuyé sur des spéculations philosophiques, sur des acquisitions scientifiques valables : non, il n'en existait pas encore au temps de Pantagruel. Il ne pouvait pas en exister encore. »

Lucien Febvre, *Le Problème de l'incroyance au XVIᵉ siècle. La Religion de Rabelais*, Albin Michel, 1968.

Le livre du critique russe Mikhaïl Bakhtine, *L'Œuvre de Rabelais et la culture populaire au Moyen Âge et sous la Renaissance,* marque une nouvelle étape du débat. L'auteur s'attache essentiellement à replacer l'œuvre de Rabelais dans la culture populaire, plus particulièrement dans les fêtes carnavalesques du Moyen Âge, à laquelle elle emprunte bon nombre de ses thèmes et de ses images.

« On a coutume de signaler la prédominance exceptionnelle, dans l'œuvre de Rabelais, du *principe de la vie matérielle et corporelle* : images du corps, du manger et du boire, de la satisfaction des besoins naturels, de la vie sexuelle. De surcroît, ces images sont excessivement outrées, hypertrophiées. Elles sont l'héritage de la culture comique populaire, auquel nous donnerons le nom de *réalisme grotesque*. Dans le réalisme grotesque, c'est-à-dire dans le système d'images de la culture comique populaire, le principe matériel et corporel est présenté sous son aspect universel de fête et d'utopie. Le cosmique, le social et le corporel sont indissolublement liés, comme un tout vivant et indivisible. Et ce tout est joyeux et bienfaisant. [...] Le rabaissement est le principe artistique essentiel du réalisme grotesque : toutes les choses sacrées et élevées y sont réinterprétées sur le plan matériel et corporel. [...] Le puissant mouvement vers le bas, vers les profondeurs de la terre et du corps humain, pénètre tout le monde rabelaisien de bout en bout. »

Mikhaïl Bakhtine, *L'Œuvre de Rabelais
et la culture populaire au Moyen Âge
et sous la Renaissance*, Gallimard, 1970.

Nombreuses sont les analyses, depuis une trentaine d'années, qui mettent l'accent sur la modernité de l'œuvre rabelaisienne. Les extraits qui suivent témoignent de la vitalité des interrogations critiques, moins désireuses de traquer la « pensée secrète » de Rabelais que de lire le texte comme un questionnement toujours relancé.

« S'il fallait décidément regarder Rabelais comme le premier grand écrivain révolutionnaire, ce serait moins pour sa lutte contre la guerre et l'ignorance [...] que pour sa conception d'une écriture dont quatre siècles n'ont pas épuisé les pouvoirs de contestation. Contestation de quoi ? De l'arbitraire politique, des injustices, des privilèges, des abus de l'autorité, de la censure, des persécutions, etc., de la religion même ? Avant tout : du langage qui les permet et les cautionne. Langage d'absolu, qu'on retrouve infailliblement jusqu'en nos jours au principe des totalitarismes, soi-disant garanti par un ordre divin ou son substitut, en fait le garantissant avec tout ce qui l'accompagne. »

Jean Paris, *Rabelais au futur*, Seuil, 1970.

« On peut lire Rabelais pour y chercher un dessein caché, un aveu personnel déguisé, un message ésotérique. On peut le lire aussi, plus sérieusement sans doute, pour repérer les sources, expliquer les allusions obscures [...] : c'est l'humble et patient travail du philologue, toujours à refaire, et qui fournit à l'innocent lecteur des renseignements indispensables. Cependant Rabelais s'avance toujours masqué, parce que son langage continue à nous étonner, à nous fasciner. Cette œuvre, longtemps considérée comme une mine de renseignements plus ou moins camouflés, affirme sa résistance au déchiffrement. Elle défie les recensements, les commentaires analytiques et les interprétations parcellaires. »

François Rigolot, *Les Langages de Rabelais*, Droz, 1996.

Adaptations et illustrations

Plus qu'aucune autre sans doute, l'œuvre de Rabelais a stimulé l'imagination visuelle : adaptations scéniques, dessins et gravures ont abondé. C'est ainsi que, dès le XVIIe siècle, un ballet de cour intitulé *Naissance de Pantagruel* (1622) met en scène les principaux personnages du récit. Il sera suivi de nombreux autres, illustrant tel ou tel épisode du cycle des géants. En 1785, une comédie de Grétry, *Panurge dans l'île des Lanternes*, sera représentée avec un grand succès à l'Opéra jusqu'en 1824. Vaudevilles et pièces de boulevard puisent allègrement, au cours du XIXe siècle, dans la matière bouffonne que leur offrent les récits rabelaisiens. En 1910, Alfred Jarry, l'auteur d'*Ubu roi*, collabore avec Eugène Demolder pour la création du *Pantagruel*, opéra-bouffe en cinq actes. Trois ans plus tard, Massenet compose la musique de *Panurge, haute farce musicale en 3 actes*. En 1968, le *Rabelais* de Jean-Louis Barrault est monté à l'Élysée-Montmartre et remporte un immense succès populaire, suivi d'une tournée mondiale. Cette représentation, sur une musique de Michel Polnareff, avec des costumes inspirés des œuvres de Jérôme Bosch, reprend quelques-uns des épisodes clés de *Pantagruel* et de *Gargantua* en les inscrivant dans le contexte libertaire de l'époque. La télévision a également présenté une adaptation de Rabelais avec des effets électroniques, due à Jean-Christophe Averty.

Rabelais a également inspiré les illustrateurs, et ce dès la première moitié du XVIᵉ siècle. Signalons d'abord la remarquable suite de planches des *Songes drolatiques de Pantagruel*, inspirées de Bruegel l'Ancien (1565). Quant aux gravures de Gustave Doré, elles proposent plus qu'une simple illustration de l'œuvre rabelaisienne : elles la réinventent à leur manière, en offrant une synthèse de l'imaginaire romantique et de l'univers de la Renaissance. De nombreux autres peintres et dessinateurs ont relevé le défi : citons, parmi les plus célèbres, Marcel Jeanjean (1933), Albert Dubout (1940) et André Derain (1943).

Rabelais et l'histoire du comique

Dans son ouvrage consacré à Rabelais et à la culture populaire de la Renaissance, Mikhaïl Bakhtine considère que l'histoire du rire et du comique, du Moyen Âge à nos jours, est celle d'une longue dégénérescence. Si Rabelais a pu être compris et apprécié de ses contemporains et de ses successeurs immédiats, c'est que la culture populaire demeurait encore vivace et nourrissait l'imaginaire collectif. À partir de la fin du XVIe siècle, et surtout du XVIIe siècle, de grands partages se mettent en place (rire / sérieux, genres sublimes / genres inférieurs, culture aristocratique / culture populaire), qui ne permettent plus d'apprécier l'œuvre rabelaisienne dans son unité fondamentale.

« Mille années de rire populaire extra-officiel se sont engouffrées [...] dans la littérature de la Renaissance. Ce rire millénaire l'a non seulement fécondée, il a de plus été fécondé par elle. Il s'alliait aux idées les plus avancées de l'époque, au savoir humaniste, à la haute technique littéraire. En la personne de Rabelais, la parole et le masque (forme donnée à toute la personnalité) du bouffon médiéval, les formes des réjouissances populaires carnavalesques, la fougue de la basoche aux idées démocratiques, qui travestissait et parodiait absolument tous les propos, et les gestes des bateleurs de foire, se sont associés au savoir humaniste, à la science et à la pratique médicale, à l'expérience politique et aux connaissances d'un homme qui, confident des frères Du Bellay, était intimement initié à tous les problèmes et secrets de la haute politique internationale de son temps. [...]

L'attitude de la Renaissance à l'égard du rire peut être caractérisée, à titre préliminaire et en gros, de la façon suivante : le rire a une profonde valeur de conception du monde, c'est une des formes capitales par lesquelles s'exprime la vérité sur le monde dans son ensemble, sur l'histoire, sur l'homme ; c'est un point de vue particulier et universel sur le monde, qui perçoit ce dernier différemment, mais de manière non moins importante (sinon plus) que le *sérieux* ; c'est pourquoi la grande littérature doit l'admettre au même titre que le sérieux : seul le rire, en effet, peut accéder à certains aspects du monde extrêmement importants.

L'attitude du XVIIᵉ et des siècles suivants à l'égard du rire peut être caractérisée de la façon suivante : le rire ne peut être une forme universelle de conception du monde ; il ne peut que concerner certains phénomènes *partiels* et *partiellement typiques* de la vie sociale, des phénomènes d'ordre négatif ; ce qui est essentiel et important ne peut être comique ; l'histoire et les hommes qui l'incarnent (rois, chefs d'armée, héros) ne peuvent être comiques ; le domaine du comique est restreint et spécifique (vices des individus et de la société) ; on ne peut exprimer dans la langue du rire la vérité primordiale sur le monde et l'homme, seul le sérieux étant de rigueur ; c'est pourquoi dans la littérature on assigne au rire une place dans les genres mineurs [...] ; le rire est soit un divertissement léger, soit une sorte de châtiment utile dont la société use à l'encontre des êtres inférieurs et corrompus. »

Mikhaïl Bakhtine, op. cit., p. 80-81.

Lexique des termes de civilisation

Cicéronien
Formé sur le modèle des discours de Cicéron, que caractérisait une grande éloquence.

Érasmien
Partisan des idées d'Érasme, notamment dans le domaine pédagogique (approche plus rationnelle des problèmes de l'apprentissage) et dans le domaine religieux (importance accordée à la lecture et à la méditation de l'Évangile).

Évangélisme
Mouvement intellectuel et religieux des années 1520-1530, qui entend réformer l'Église de l'intérieur en ramenant tous ses dogmes à l'Évangile.

Glose
Commentaire d'un texte ; pour les humanistes de la Renaissance, les savants du Moyen Âge ont surchargé de gloses inutiles la Bible et les grands textes de l'Antiquité.

Hérésie
Doctrine émise au sein de l'Église, et considérée comme contraire à ses dogmes.

Humanisme
Mouvement intellectuel, artistique et religieux des XVe-XVIe siècles, qui exalte la dignité de l'homme par le biais d'un contact neuf avec les grands textes de l'Antiquité.

Orthodoxie
Ensemble des doctrines enseignées officiellement par l'Église.

Philologie
Étude critique des textes dans les différents manuscrits qui ont été transmis.

Rationalisme
Doctrine selon laquelle tous les problèmes peuvent être abordés et résolus par la raison.

Réforme
Mouvement religieux du XVIe siècle qui aboutit au protestantisme et qui, sous l'impulsion de Luther et Calvin, entend ramener l'Église à sa forme primitive.

Rhétorique
Art de la parole, technique qui consiste à maîtriser les moyens d'expression.

Scolastique

Philosophie et théologie enseignées par les universités médiévales, se caractérisant par un certain degré d'abstraction. Aux yeux des humanistes, qui cherchent un contact plus vivant avec la religion, scolastique est synonyme de sécheresse et de stérilité.

Sophistes

Chez les Grecs, maîtres de rhétorique et de philosophie, auxquels s'opposent Socrate et Platon ; le mot est repris par les humanistes du XVIe siècle pour désigner leurs adversaires, adeptes selon eux de méthodes archaïques, notamment en matière d'éducation.

Théologiens

Spécialistes des questions religieuses, qui se consacrent surtout à l'interprétation des textes sacrés.

Utopie

Société imaginaire, régie par des lois harmonieuses et un gouvernement idéal.

Éditions

- *Œuvres complètes de Rabelais*, édition critique (moyen français et traduction en français moderne) par Guy Demerson, Seuil, 1973.
- *Œuvres complètes*, Bibliothèque de la Pléiade, 1994.
- Collections de poche : *Pantagruel* (Folio, 1973 ; Livre de poche, 1979 ; Garnier-Flammarion, 1997) ; *Gargantua* (Pocket, 1978 ; Livre de poche, 1994 ; Garnier-Flammarion, 1995).

Sur l'œuvre et la vie de Rabelais

- Guy Demerson, *Rabelais*, Fayard, 1991.
- Michel Ragon, *Le Roman de Rabelais*, Albin Michel, 1993.

Sur *Pantagruel* et *Gargantua*

- Gérard Defaux, *Pantagruel et les sophistes*, Nijhoff, 1973.
- Pierre Mari, Pantagruel *et* Gargantua, PUF, 1994.
- Daniel Ménager, Pantagruel / Gargantua, Hatier, coll. « Profil d'une œuvre », 1978.
- Jean Larmat, *Le Moyen Âge dans le* Gargantua *de Rabelais*, Publications de la faculté des lettres de Nice, 1973.

Sur l'ensemble de l'œuvre rabelaisienne

- François Bon, *La Folie Rabelais*, Minuit, 1990.
- Mikhaïl Bakhtine, *L'Œuvre de Rabelais et la culture populaire au Moyen Âge et sous la Renaissance*, Gallimard, 1970.
- Michel Butor et Denis Hollier, *Rabelais ou C'était pour rire*, Larousse, 1973.
- Manuel de Diéguez, *Rabelais par lui-même*, Seuil, 1960.
- Floyd Gray, *Rabelais et l'écriture*, José Corti, 1974.
- Madeleine Lazard, *Rabelais et la Renaissance*, PUF, 1980.
- François Moreau, *Un aspect de l'imagination créatrice chez Rabelais. L'Emploi des images*, SEDES, 1982.
- Jean Paris, *Rabelais au futur*, Seuil, 1970.
- Jean-Yves Pouilloux, *Rabelais. Le rire est le propre de l'homme*, Gallimard, 1993.
- François Rigolot, *Les Langages de Rabelais*, Droz, 1996.
- Michael Screech, *Rabelais*, Gallimard, 1992.

On pourra également consulter avec profit les *Études rabelaisiennes*, volumes spéciaux à parution irrégulière (Droz), constitués d'articles rédigés par des spécialistes français ou internationaux, et dont la publication a été entreprise en 1956.

CRÉDIT PHOTO : p. 7 Ph. © J.L. Charmet • p. 22 Coll. Archives Larbor • p. 32 Ph. © J.L. Charmet • p. 34 et reprise page 8 : Coll. Archives Larbor • p. 36 Coll. Archives Larbor • p. 42 Coll. Archives Larbor • p. 47 Ph. © Coll. Kharbine-Tapabor • p. 53 Ph. © Coll. Kharbine-Tapabor • p. 66 Coll. Archives Larbor/T • p. 92 Coll. Archives Larbor/T • p. 99 Coll. Archives Larbor • p. 117 Ph. © Coll. Kharbine-Tapabor • p. 131 Coll. Archives Larbor.

Direction de la collection : Chantal LAMBRECHTS.
Direction artistique : Emmanuelle BRAINE-BONNAIRE.
Responsable de fabrication : Jean-Philippe DORE.
Révision des textes : Jean-Jacques CARRERAS.

Compogravure : P.P.C. – Impression MAME n° 03022009. Dépôt légal 1ʳᵉ édition : novembre 2000.
Dépôt légal : mars 2003. N° de projet : 10103112 (III) 13 (OSB 60°). Imprimé en France (*Printed in France*)